Leadership de transition

Éditions d'Organisation
1, rue Thénard
75240 Paris Cedex 05
www.editions-organisation.com

© Éditions d'Organisation, 2005
ISBN : 2-7081-3273-3

Alain CARDON

Leadership
de transition

Éditions
d'Organisation

DU MÊME AUTEUR

Livres

- *Jeux pédagogiques et analyse transactionnelle*, Éditions d'Organisation, 1981 (épuisé).
- *Vocabulaire d'analyse transactionnelle*, (avec Laurent Mermet), Éditions d'Organisation, 1982 (épuisé).
- *Le manager et son équipe*, Éditions d'Organisation, 1986.
- *Profils d'équipe et cultures d'entreprise*, Éditions d'Organisation, 1992 (épuisé).
- *Décider en équipe*, Éditions d'Organisation, 1993.
- *Profili d'equipe e culture d'emprese*, Franco Angeli, Milano, 1993.
- *Les concepts clés d'analyse transactionnelle*, (avec Laurent Mermet et Annick Thiriet-Tailhardat), Éditions d'Organisation, 1993 (épuisé).
- *Jeux de manipulation*, Éditions d'Organisation, 1995.
- *Pour changer*, (avec J.-M. Bailleux), Éditions d'Organisation, 1998 (épuisé).
- *Jocurile manipularii*, Editura CODECS, Bucarest, 2002.
- *Coaching pentru echipele de directori*, Editura CODECS, Bucarest, 2002.
- *L'Analyse transactionnelle*, (avec Vincent Lenhardt et Pierre Nicolas) Éditions d'Organisation, 2003.
- *Le coaching d'équipes*, Éditions d'Organisation, 2003.

Articles

- "Organizational Holistics", San Francisco, *in Transactional Analysis Journal*, vol. 23, no 2, april 1993. Traduction française dans *Actualités en Analyse Transactionnelle*, Bruxelles, vol. 18, n° 71, juillet 1994.
- « Une équipe, une entreprise », *Les Échos*, 28 août 2001.
- « Pour un ciel européen », *Les Échos*, 14 novembre 2001.
- « Le coaching d'équipes fait son chemin », revue *Échanges* n° 191, septembre 2002.
- "Consulting in Romania", mensuel *Vivid* n° 43, mars 2002, Roumanie.
- "Coaching Executive Team Cultural Transition", mensuel *Vivid* n° 47, September 2002, Roumanie.
- "The Executive Profile is the Corporate Culture", *Consulting Today*, 2002, NY, USA: consultingtoday.com.

Remerciements

J'ai atteint l'âge honorable de cinquante-cinq ans en 2004. Je le précise parce que ce livre sur les « transitions » est tout naturellement marqué par les nombreux passages et virages que j'ai vécus et quelquefois subis au cours de ma vie personnelle et de ma carrière de formateur, de consultant, de chef d'entreprise et enfin de coach.

Donc si les réflexions et synthèses sur les transitions et leur accompagnement présentées ici sont le résultat d'un travail récent, elles sont aussi marquées par une expérience professionnelle de plus de trente-cinq ans et un parcours personnel plus long encore.

D'ailleurs, ceux qui ont bien connu Transformation SA, l'entreprise de conseil que j'ai dirigée pendant vingt ans, savent qu'elle était née et qu'elle a vécu sous le signe des mutations, remises en questions et transitions. À titre personnel, aussi, je n'ai jamais hésité à chercher, bouger, changer et à tout recommencer, quelquefois me semble-t-il à la grande surprise de mon entourage.

Il est évident que tout au long de ce parcours, mes collègues, mes amis, femmes et enfants ont à la fois influencé, participé, accompagné et quelquefois, j'en suis désolé, subi les aléas de ma trajectoire. Je les en remercie tous dans mon cœur et nommément.

Je souhaite remercier les partenaires, clients, entreprises et dirigeants qui m'ont fait confiance pendant ces nombreuses années et qui ont fourni un environnement favorable à ma réflexion, à mon développement et à la mise en œuvre des approches de coaching individuel et collectif présentées dans ce livre. Les nombreux cas présentés ici témoignent de leur capacité à vivre des transitions, et

V

pas des moindres. Bien entendu, sans leur partenariat ni la théorie ni ma pratique développée sur trente ans n'auraient pu voir le jour. Évidemment et malheureusement je ne peux pas tous les citer ici.

Bien entendu, je remercie l'International Coaching Federation, (ICF) et l'ICF France comme la Société française de coachs pour leurs influences complémentaires, positives et exigeantes sur le développement de la profession en France. Je remercie aussi tous les collègues et professionnels du métier qui m'ont soutenu et m'accompagnent dans la pratique de ce métier encore très nouveau et si prenant.

Quant à ce livre, il a été motivé par une discussion animée avec Christian Becquereau, collègue et ami rencontré récemment grâce à Debora Schnitzer, une bonne amie de plus longue date et aujourd'hui disparue. C'est Christian qui m'a poussé à écrire sur le thème de ce livre. Je vous remercie donc tous les deux pour votre reconnaissance et influence bienveillante à l'origine des pages qui suivent.

De nombreuses personnes m'ont aussi donné de leur temps pour relire et corriger le manuscrit, pour réagir aux textes, me confronter et m'inspirer. Tout particulièrement je cite encore Christian Becquereau, Odile Dollé, organisatrice d'un groupe de supervision de coachs que j'anime sur Paris, et Christine Bonnal qui m'a proposée de nombreuses corrections et indications d'amélioration en annotant le texte de façon extensive.

Dans ma région ensoleillée, deux autres consultants et amis, Martine Volle et Jean-Louis Sentin du cabinet Présent Consulting m'ont aussi donné de leur temps précieux pour réagir au texte original et rendre plus lisibles les pages qui suivent. Merci pour votre soutien et votre amitié.

Alain CARDON

Sommaire

Première partie
L'accompagnement de systèmes-projets

CHAPITRE 1

La phase de Conception

CHAPITRE 2

La phase de Consolidation

Deuxième partie
L'accompagnement des processus de deuil

IX

Préface

Les dirigeants d'aujourd'hui vivent déjà et auront à vivre de plus en plus souvent des changements, des mutations, des transformations, voire des bouleversements stratégiques au sein de leurs entreprises et organisations. Je fais partie de ceux-là.

Face à ces multiples mutations, nous agissons et réagissons à la fois avec notre vision et notre pragmatisme et souvent nous subissons les effets déstructurants de leurs différentes phases. Car pour nous qui sommes résolument engagés dans l'action, le contenu opérationnel de chaque transition, les objectifs, les résultats concrets attendus comptent souvent bien plus qu'une réflexion préalable sur ses processus prévisibles ou sur les stratégies d'accompagnement présentés ici.

La lecture de cet ouvrage et, selon mon expérience, un accompagnement sans concession et résolument tourné vers la prise de décision et l'action, avant, pendant et après le déclenchement d'un changement, nous placent dans une bien meilleure position pour le réussir.

Jacques PFISTER
Orangina Schweppes
Président-directeur général

1

Introduction

Le mot « transition » vient de transitus, *pour « passage ».*
Le terme se réfère à un « seuil » comme au pas
d'une porte entre deux espaces différents.

Par extension, lors de nos parcours personnels et professionnels,
ce concept géographique et quelquefois rhétorique (la transition
soit comme espace soit comme lien entre deux idées) est aussi
appliqué à des « passages » dans le temps, ou à des passages
entre deux façons d'être, voire à des transformations.

« Homo transitus »

Depuis l'avènement de la « mondialisation » caractérisée par une extraordinaire accélération de la circulation de l'information, des personnes et des biens, nous constatons que l'ensemble de notre univers personnel et professionnel se transforme à une vitesse encore inimaginable il y a vingt ans.

Les évènements qui se passaient à l'autre bout du monde et qui nous influençaient bien peu « à l'époque » sont aujourd'hui appréhendés comme ayant lieu dans notre voisinage immédiat et sollicitent avec urgence notre participation active. Une guerre aux antipodes fait immédiatement irruption à notre porte, sinon dans notre salon. Ainsi, le monde est aujourd'hui perçu comme un « village global » infiniment plus petit, certains diront même « à taille humaine ».

Cette accélération du temps, ce rétrécissement de l'espace a une conséquence indéniable sur la vitesse de nos adaptations, mutations et autres transformations. Les organisations fusionnent, déménagent, délocalisent, se dissolvent, se restructurent, sont externalisées, achetées et vendues. Pour suivre, les équipes autrefois plus « stables » doivent se faire et se défaire au fil des évolutions de carrières et de projets qui naissent, mûrissent et disparaissent, tambour battant.

Les personnes elles aussi sont mutées, redéployées, détachées ou rattachées, sinon « outsourcées ». La notion de « carrière » d'antan souvent menée dans la stabilité rassurante d'une même ville et organisation est aujourd'hui devenue une série de missions diverses au sein d'entreprises radicalement différentes, quelquefois dispersées sur plusieurs continents, en plusieurs langues.

En conséquence, la norme devient une situation d'intérim, entre deux autres postes, deux autres missions, ou encore deux métiers, tous eux-mêmes en évolution perpétuelle. Il ne nous reste plus de temps pour respirer, s'habituer ou s'enraciner. De plus en plus et qu'on le veuille ou non, nous vivons tous continuellement en transition.

Pour toute personne, tout leader et toute entreprise, le temps disponible pour réagir aux multiples évènements mondiaux est devenu presque immédiat, alors même que nos décisions doivent tenir compte d'une énorme quantité d'informations. En conséquence, chaque individu, chaque entreprise, chaque employé, chaque équipe, chaque leader et chaque organisation subissent une énorme pression pour continuellement s'adapter, changer, apprendre, se transformer, évoluer.

Le développement d'un nouveau produit, par exemple, ne prend plus que quelques mois, un an tout au plus. Et aussitôt il devient éphémère, car sa courbe de vie sera bien plus courte qu'auparavant. Sans que l'on s'en aperçoive, la notion même de « permanence » a disparu pour laisser la place aux dates de péremption, au passager, au *transitoire*.

À titre personnel, le même constat s'impose. Au sein de son environnement familial et social, chacun doit aujourd'hui développer une nouvelle compétence centrée sur l'anticipation et l'accompagnement des multiples changements, quelquefois prévus et souhaités, souvent perçus comme aléatoires. Les familles se délocalisent, explosent, se recomposent et vivent d'une façon presque banale un bon nombre de transitions autrefois perçues comme exceptionnelles, voire traumatisantes.

Le leader« transitionnel »

Les dirigeants sont aussi constamment sollicités par ces transformations continuelles. Sans le savoir, les notions de « management » d'antan se sont aussi transformées. Plus que leur capacité à *manager* des équipes stables et des situations plus ou moins inscrites dans un semblant de continuité, le critère de réussite des *leaders* devient aujourd'hui *leur réelle capacité à anticiper et à accompagner les transitions*. Progressivement et sans que l'on s'en aperçoive, le *manager « situationnel »*[1] d'il y a à peine vingt ans est devenu par nécessité, un *leader « transitionnel »*. Pour cause : les situations n'existent plus.

Mais cela vaut aussi pour l'ensemble de notre monde professionnel. Les mutations continuelles deviennent pour toutes les entreprises et toutes les équipes une réalité quotidienne presque incontournable. Non seulement les leaders d'aujourd'hui doivent savoir accompagner toutes ces reconfigurations successives mais pour *l'ensemble du personnel* il devient impératif d'apprendre à prévoir, à vivre, voire à anticiper ces transitions, surtout pour ne plus avoir à les subir.

Bien entendu, cette compétence devient primordiale aussi pour les conseils et consultants, et aujourd'hui les coachs. L'accompagnement des transitions individuelles et collectives, personnelles et professionnelles est devenu, de fait, leur réalité quotidienne, leur fonds de commerce principal.

© Éditions d'Organisation

---

1. Nous faisons référence ici au modèle de Hersey et Blanchard, Transitionnal Management.

5

En organisation, il s'agit tout autant, pour tout le monde, d'apprendre à accompagner un patron « en partance » dans la transmission de son entreprise, que de suivre une équipe lors d'une restructuration indispensable, de soutenir un cadre lors de son « repositionnement » professionnel vers un autre emploi, ou encore d'accompagner la fermeture d'une unité de production ou le démarrage d'une nouvelle entreprise.

C'est sans parler des transitions liées à la fusion entre deux cultures d'entreprises, pour tenter « ensemble » d'en créer une troisième, ou provoquées par des préparations anticipées à des retraites prématurées ou encore par l'introduction d'une nouvelle équipe dirigeante lorsque les actionnaires décident de radicalement changer la composition d'une équipe de direction générale. Ces situations de transitions ne sont que quelques exemples auxquels les salariés, cadres, leaders, consultants et coachs doivent faire face quotidiennement.

Aujourd'hui, la multiplicité des mutations qui nous entourent au niveau professionnel, organisationnel, politique et social peut avoir une influence extrêmement perturbante sur nos vies. Elle est sans doute une des causes principales de maladies, de tension, de « stress » depuis peu devenu phénomène de société. Dans ce contexte, beaucoup ont l'impression que plus rien n'est stable, que tout repère leur échappe, qu'il ne reste plus qu'à « s'accrocher » et subir.

L'illusion de stabilité

Or ce malaise repose peut-être sur un énorme malentendu. Si nous voulons percevoir les transitions comme des phénomènes *a priori passagers* qui occasionnellement jalonnent nos vies, nos projets, nos entreprises, cette image est trompeuse : les transitions sont aujourd'hui *devenues* nos vies, nos projets, nos entreprises.

Hors transition, il n'y a pas de vie, pas de projet, et pas d'entreprise. Hors évolution perpétuelle, il n'y a plus que des entités périmées. Notre cadre de référence devrait rendre les termes d'existence de « projet » et de « transition » indissociables. Alors et par définition, un regard actif sur nos vies, nos objectifs et nos entreprises ne saurait être autre qu'un regard sur des processus fondamentalement transitoires.

« *Le* » processus de transition

Or paradoxalement, et c'est le sujet de notre réflexion, si aucune transition n'est identique à une autre *sur le fond*, elles présentent toutes *des formes* étonnamment ressemblantes. Alors qu'elles peuvent concerner des évolutions politiques, des « reconfigurations » d'entreprises, des parcours personnels ou des trajectoires professionnelles, *toutes* les transitions offrent à l'acteur ou à l'observateur avisé les mêmes processus clairs, les mêmes points de repère identifiables, les mêmes étapes presque prévisibles.

À l'analyse, *le processus* de transition est presque universel. Quelle que soit la situation concernée, il se décompose sans surprise en plusieurs phases ou étapes relativement distinctes, prévisibles et reconnaissables. Le processus de transition mérite donc d'être étudié et même *tracé et jalonné* afin de :

✓ permettre *à chacun* de mieux le parcourir, étape par étape ;
✓ apprendre *aux leaders* à mieux les prévoir, pour mieux diriger ;
✓ former *les coachs et consultants* à mieux les accompagner.

C'est l'objet de ce livre.

L'accompagnement de transitions

Au fil de ces pages, notre propos est plutôt centré sur des applications dans le monde professionnel. Nous définissons chacune des étapes de transition, puis nous illustrons en quoi elle mérite d'être mieux comprise, « managée » et accompagnée par les leaders, leurs conseils et leurs coachs.

Nous proposons un regard à la fois stratégique *et* pratique sur les processus de transition, en insistant sur les effets collectifs, vécus par des équipes et organisations. Ce choix permet de mettre de côté ou de dépasser les soucis qui portent sur des préoccupations individuelles pour développer un regard plus stratégique « de leader ».

Pour rendre notre propos vivant et pratique, la théorie présentée au fil des pages est issue d'expériences réelles, à peine maquillées, comme les nombreux exemples qui illustrent les choix faits par des leaders que nous avons connus tout au long de notre parcours professionnel.

Par rapport aux préoccupations de leaders et managers, les concepts présentés dans ce livre peuvent souvent rappeler des notions préalablement abordées sous l'angle de « types de personnalité », de « styles de direction », de « profils de management » individuels ou « situationnels ». Nos propos peuvent aussi évoquer des notions plus collectives telles que les « cultures d'équipes et d'organisations » ou des schémas propres à la « gestion de projets » vus à travers un prisme plus dynamique et systémique.

De fait, cet ouvrage propose une synthèse de toutes ces approches en abordant le thème de management des transitions, avec des clés simples et pratiques, et vues sous un angle résolument stratégique.

Les consultants et coachs

À l'origine, l'accompagnement de personnes, d'équipes et d'entreprises est propre aux métiers de coach et de consultant. Ces professionnels ont toujours été très largement intéressés par les processus de transition que vivent presque tous leurs clients, quelquefois en continu. Il est en effet possible d'affirmer que, par définition, les clients individuels ou collectifs du coach et du consultant sont des « systèmes » en transition.

Il est à souligner que lors d'un accompagnement de transition, les compétences et le rôle du coach peuvent être différents et souvent complémentaires à ceux du leader, voire ceux du consultant : si le coach est expert en « processus de transition », il doit savoir respecter la différence intrinsèque propre à chaque mutation et à chaque acteur. Formellement, et à la différence des métiers de consultant ou d'expert, la démarche d'accompagnement propre au métier de *coach* est plutôt centrée sur *le processus ou la forme* d'un parcours de transition et non *sur son contenu*.

Comme par hasard en effet, le métier de coach qui se développe depuis quelques années semble tout à fait adapté à notre époque. Son « expertise » est prioritairement centrée sur l'accompagnement stratégique du *processus* ou du parcours de transition. Formellement et sans les disqualifier, il n'est pas, ou très peu concerné par les diverses expertises techniques propres au *contenu* d'une mutation spécifique.

Mais attention, son regard ne peut pas se borner à cette limite. Non seulement le coach doit se garder d'influer sur *le contenu ou le fond* spécifique à chaque personne ou situation, mais il doit comprendre ce contenu, le respecter, voir le « choyer ». Si son art est plutôt centré sur le « temps » ou l'évolution d'un processus de mutation, le coach doit non seulement entendre mais réellement intégrer ou « épouser » la dimension concrète ou matérielle de son client. Ce n'est qu'à cette condition qu'il pourra réellement l'accompagner.

Le manager ou leader, de son côté, est beaucoup plus souvent centré sur ses résultats, donc sur la « matière » d'une mutation ou transition. De ce fait, il est très intimement préoccupé par le *contenu* de sa situation à court ou moyen terme, quelquefois d'ailleurs au point de perdre de vue l'ensemble du *processus*.

Le leader est donc responsable de ses décisions et surtout de ses résultats. Il est plus facilement aspiré par l'urgence, la pression immédiate de l'environnement, la nécessité de réagir et prendre position. Il peut alors perdre de vue *l'ensemble* du processus, inscrit dans un temps plus long et souvent porteur de solutions plus stratégiques.

La fonction stratégique du leader est cependant primordiale. Au-delà du quotidien et du court terme, transitoire par définition, son rôle est de prévoir à moyen et long terme les étapes ultérieures de son projet. Il se doit de garder un œil sur l'horizon afin de préparer les étapes suivantes, les transitions à venir, les combats de demain. Le « manager » devient « leader » lorsqu'il est conscient des étapes précises et prévisibles dans l'avenir de son projet et lorsqu'il prépare avec soin les phases d'évolution *du futur* de son entreprise.

La transition, concept « systémique »

Le propos de ce livre est donc d'envisager les personnes, les équipes et les organisations comme des êtres et des systèmes essentiellement et perpétuellement en évolution. À ce titre et dans le monde professionnel, il s'adresse autant à des leaders, à des cadres, à des équipes et des réseaux, à des managers et des salariés qu'à des coachs et autres consultants.

Il propose de donner aux leaders, managers, coachs et professionnels en tout genre les moyens pratiques de prévoir chacune des étapes qui jalonnent les différentes formes de transition de n'importe quelle aventure humaine, afin de mieux la suivre, voire de réellement l'accompagner.

L'accompagnement de transitions concerne donc toute personne et tout système *par définition* en évolution permanente, quels qu'en soient son origine, la durée envisagée, les contenus techniques, les résultats souhaités. Cependant même loin de préoccupations professionnelles, il ne faut pas oublier que le processus « universel » de transition est un cheminement naturel constitué d'étapes consécutives et repérables par toute personne vivant un parcours ou accompagnant un projet, quel qu'il soit.

Rappelons-le, cet ouvrage peut aussi bien être destiné à tout individu privé et tout système familial qui vit de continuelles transitions plus personnelles ou collectives, et pas des moindres, dans des domaines confidentiels. Les principes qui y sont présentés s'appliquent aussi dans ce vaste champ « non profes-sionnel » d'autant plus central dans nos vies que nous sommes souvent si démunis.

Dans ce sens, nous présentons l'accompagnement de transitions comme une approche essentiellement systémique. Elle s'appli-querait sans grande difficulté à l'accompagnement « en continu » de toute forme de « système » humain individuel ou collectif :

✓ un salarié,	✓ un leader,
✓ une personne,	✓ une tribu,
✓ une famille,	✓ une entreprise,
✓ une équipe,	✓ un pays.

Et par extension, nous pourrions appliquer la notion de transi-tion au cycle de vie de produits, d'ensembles culturels, de ser-vices, de concepts, etc.

La dimension systémique du concept de transition apparaît dans la qualité de ses séquences structurées dans le temps. En effet, si l'approche système est surtout préoccupée par les inter-faces *entre* les personnes plutôt que par les personnes elles-mêmes, elle est aussi préoccupée par les interfaces *entre* des états perçus comme « stables » plutôt que par ces états. Surtout si la perception de stabilité est vouée à disparaître.

Alors qu'il peut durer d'une minute à un temps infini selon les projets que nous considérons, un cycle typique d'évolution com-porte plusieurs phases de transition qui se manifestent lors d'un parcours caractérisé par un début, un milieu et une fin. Pour nous référer à cette dimension générale de la notion de transition : le fait qu'elle peut concerner n'importe quel *système* lors de n'importe quel *projet* d'une *durée* plus ou moins impor-tante, nous utiliserons de façon privilégiée le terme de « système-projet ».

En voici quelques exemples :

✓ un projet de construction sur trois ans,
✓ la durée d'une réunion sur quatre heures,
✓ le temps d'un procès sur un an,
✓ un voyage d'un mois,

11

✓ une interview d'une demi-heure,
✓ une vie professionnelle sur quarante-cinq ans,
✓ une guerre sur dix ans,
✓ une relation sur trente ans,
✓ une entreprise sur soixante ans,
✓ un dîner de trois heures.

L'organisation de ce livre

La première partie de ce livre propose un modèle qui concerne la forme habituelle des transitions perçues comme « *normales* ». Il s'agit des étapes *naturelles de croissance* qui jalonnent la vie de tout système-projet : celle d'une aventure ou d'un parcours porté par un individu ou un groupe sur une durée plus ou moins prédéterminée. Comme nous l'avons vu, cela peut concerner le temps d'une réunion, d'une mission, d'un rendez-vous, de la durée de vie d'une équipe ou d'un produit ou encore celle d'une entreprise.

Nous soulignons que ces transitions presque continuelles, « normales » ou naturelles, caractéristiques de tous les processus de croissance individuels et collectifs sont d'autant mieux menées et vécues si elles le sont par *l'ensemble* des acteurs concernés. Nous le verrons en effet : le pire que l'on puisse proposer à quelqu'un ou à un groupe, c'est de « subir » ou de devenir l'observateur impuissant de transitions ou d'évolutions qui le ou les concernent, fussent-elles positives.

La seconde partie de cet ouvrage développe un deuxième modèle justement centré sur le processus caractéristique d'une transition « subie ». Ce modèle concerne le parcours ou cheminement habituellement vécu par des systèmes individuels ou collectifs suite à des mutations ou des ruptures non choisies ou « imposées ».

Il s'agit ici des ruptures qui « nous tombent dessus », qui sont l'effet du hasard ou du destin, qui dépendent des « autres », lorsque ceux-ci ne tiennent pas compte de nous dans leurs choix, ou quelquefois encore qui résultent de notre propre cécité lorsque nous nous obstinons à « ne rien voir arriver ». Ces ruptures subies ou imposées sont à l'origine de transitions plus difficiles communément appelées des « processus de deuil ».

Bien entendu, les transitions « subies » sont vécues par des individus comme par des groupes de façon plus émotionnelle, douloureuse, voire négative. Ces « ruptures » imposées peuvent apparaître à n'importe quel moment au cours d'une courbe de vie pour surprendre un système-projet dans son élan et l'entraîner, malgré lui, sur une trajectoire totalement imprévue, en tous les cas, en apparence.

Tout au long de l'ouvrage et pour ces deux modèles de transition, nous soulignerons les rôles que peuvent jouer le leader et le coach dans un rôle d'encadrement ou d'accompagnement de personnes ou de systèmes. Il s'avère que selon les moments, ou en fonction des phases de transition, des approches très différentes et quelquefois opposées peuvent être utiles, voire efficaces. Bien entendu, cette réflexion centrée sur le « leadership » ou le « coaching » peut aussi s'adresser à tous les autres professionnels de l'accompagnement de transitions.

Au fil de notre démonstration, de nombreux schémas tenteront de donner une image claire et simple de notre propos théorique. Pour compenser une approche quelquefois intellectuelle, de nombreux exemples vécus serviront à illustrer notre propos en lui donnant une qualité plus humaine, souvent empreinte d'un peu plus de complexité.

Ces exemples présentés dans le détail tenteront de rappeler au lecteur que si un cadre théorique peut aider à rendre les différents paysages qui jalonnent notre expérience de vie un peu plus cohérents, la réalité quotidienne est beaucoup plus personnelle, et vécue par chacun d'entre nous de façon autrement plus complexe.

PREMIÈRE PARTIE

L'ACCOMPAGNEMENT DE SYSTÈMES-PROJETS

Habituellement quand nous parlons de nos projets, notre cadre de référence habituel propose d'imaginer que malgré leurs différences, nos vies personnelles et professionnelles, individuelles et collectives, ainsi que toutes les activités que nous entreprenons suivent peu ou prou une trajectoire typique.

Cette trajectoire serait essentiellement constituée de phases stables et prévisibles, occasionnellement interrompues par des transitions quelquefois difficiles et quelquefois salutaires car elles réveilleraient notre capacité d'innovation et de transformation.

L'idée commune que nous faisons de cette trajectoire « type » pourrait être illustrée de la façon suivante.

TRAJECTOIRE « NORMALE » : PHASES STABLES
ET PÉRIODES DE TRANSITION

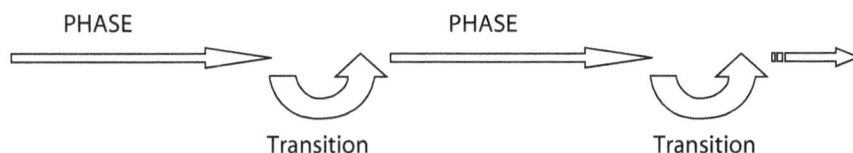

Selon cette vision, nos trajectoires suivraient des lignes droites relativement sûres et définies, occasionnellement perturbées par des périodes de crise ou de transition. Ces « ruptures » et transitions seraient quelquefois et *a posteriori* perçues comme bénéfiques dans la mesure où elles nous permettraient de mettre en œuvre les mutations profondes nécessaires que nous appelons des transformations. Le bon sens commun nous apprend qu'il suffit de bien savoir anticiper ces « creux », les vivre et les digérer, et que tout ira pour le mieux.

Ce cadre de référence habituel s'appliquera aussi bien à la vie en général, qu'à l'évolution de toute entité, de tout ensemble, de tout projet, de tout phénomène observable. Cette vision des transitions définirait ainsi la perception dominante des trajectoires normales, voire banales, de tous nos « systèmes-projets ».

La transition-paradoxe

Or, soit cette vision est partielle ou empreinte de cécité, soit notre attitude est totalement paradoxale. Si nous observons attentivement tout ce qui compte de vivant autour de nous, et même si nous observons de près le monde minéral, nous pouvons affirmer que *c'est l'état de permanence ou de stabilité qui est transitoire et l'état de transition qui est le plus courant et prévisible, donc le plus certain.* Indéniablement, ce qu'il y a de plus *permanent* dans la nature et donc dans nos vies, c'est justement *la continuité presque ininterrompue de l'état de transition.*

L'évidence voudrait que l'on se prépare plus activement à vivre des transitions certaines que de compter, comme nous le faisons, sur une illusion de stabilité qui systématiquement, au cours de tous nos projets, s'avère éphémère.

C'est peut-être même notre insistance à croire que nos transitions sont occasionnelles qui fait que nous ne nous rendons compte que trop tard que « tout a changé », que nous vivons avec difficulté des périodes régulièrement perçues comme des « ruptures » douloureuses. Si nous étions plus conscients que *tout change tout le temps*, nous percevrions sans doute nos ruptures apparentes comme plus « normales » ou beaucoup moins brutales.

D'ailleurs, lorsque nous observons de plus près ce que nous considérons comme des périodes « stables », des « lignes droites » tranquilles, nous constatons *qu'elles aussi sont constituées d'un certain nombre d'étapes évolutives nettement différenciées*. À l'analyse et lors de *toutes* nos périodes apparemment « stables », les différentes étapes d'évolution qui jalonnent nos parcours présentent des caractéristiques aussi distinctes et sont aussi « transitoires » que celles qui jalonnent nos périodes de crises, synonymes de divorces ou de « deuils ».

Les transitions « constructives »

Nous observons en effet que les périodes « positives » ou constructives centrées sur la conduite d'un projet motivant, par exemple, sont autant marquées par des phases transitoires que celles que nous reconnaissons lors de nos « passages » et autres ruptures plus difficiles. Ces trajectoires positives aussi sont normalement constituées de plusieurs étapes distinctes, consécutives et prévisibles :

✓ Une première étape de « Conception », quelquefois longue, prépare et met en œuvre un démarrage ou un lancement. Lorsqu'elle a eu lieu, cette « naissance » est souvent fêtée ou formalisée par une inauguration, ou encore par une « ouverture » officielle. Suite à cette naissance, le projet est naturellement amené à être consolidé. L'ensemble de cette première étape appelle une dynamique de définition ou de formalisation. Elle est à la fois centrée sur le « sens » du projet à long terme et sa mise en œuvre très pratique à court terme. Cette phase de constitution « contractuelle » peut être définie comme la période « de Direction » ou « Directive ».

✓ Elle est suivie d'une période de structuration ou de « Consolidation » dans la durée servant à ancrer et développer le système-projet dans la réalité. Cette deuxième phase est bien souvent caractérisée par une augmentation de la tension ou du stress des acteurs concernés. Cette dynamique de Consolidation se caractérise par l'apparition du « dialogue », voire de la compétition, et nécessite une dynamique plutôt caractérisée par une approche « Informative ».

✓ Vient ensuite la période de « Maturation » et d'expansion plus tranquille et satisfaisante, lorsque le développement qualitatif et social du système-projet devient la préoccupation centrale des acteurs concernés. Cette troisième phase de Maturation est caractérisée par la notion d'échange ou de « partage ». Elle appelle une dynamique de Participation ou encore un style « Participatif ».

PROCESSUS D'ÉVOLUTION DE PROJETS

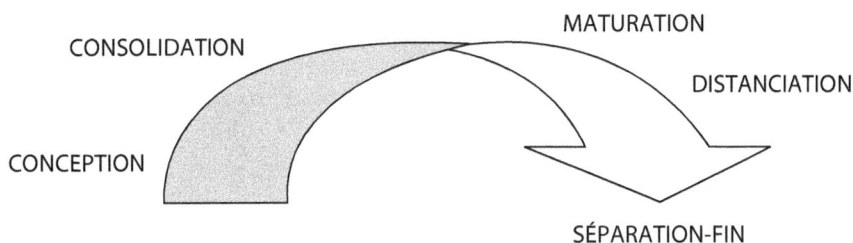

19

✓ Suit encore un retrait progressif souvent synonyme d'une « Distanciation », d'une dispersion, d'un désengagement, voire d'un dépérissement du système-projet ou de l'intérêt qu'il suscite. Cette quatrième et dernière phase de Distanciation est synonyme d'une dynamique d'ouverture à l'environnement et de « Délégation ».

Elle annonce la fin presque inexorable qui approche : la rupture ou, lorsqu'elle est préparée, la recomposition, la séparation ou la « conclusion » à venir du système-projet, et en tout cas la fin de sa forme initiale.

La courbe de vie

Cela implique que nos trajectoires de vies et projets, habituellement perçues comme « positives » parce qu'apparemment stables, sont en fait constituées de plusieurs étapes temporaires et, nous le verrons, en évolution presque continuelle. En effet, *tous* nos projets « constructifs », même les plus réussis, sont en réalité composés de plusieurs phases très différentes et essentiellement transitoires.

Selon cette vision, les différentes étapes de la conduite d'un projet ou d'une mission, de la vie d'un produit, de l'évolution d'un partenariat comme de la vie d'une entreprise peuvent être considérées comme profondément naturelles parce que fondamentalement éphémères.

Ces transitions « positives » ou constructives méritent peut-être aussi, et c'est souvent le cas lors de la conception et mise en œuvre de projets individuels ou collectifs, une certaine réflexion, plusieurs prises de recul et à certaines occasions un accompagnement par des partenaires occasionnels sous la forme d'un consultant ou d'un coach.

La première partie de ce livre présente dans le détail les caractéristiques spécifiques des quatre étapes d'évolution « positives » d'un système-projet et des transitions prévisibles qui les caractérisent.

En introduction et par le biais d'un cas illustratif, nous proposons une vision d'ensemble de notre propos. Cette vision d'ensemble sera ensuite analysée et approfondie, étape par étape et transition par transition, au sein des chapitres suivants. Ce cas met en scène quelques éléments clés propres aux transitions quelquefois rapides et répétées que les leaders, leurs équipes et organisations doivent savoir accompagner afin d'assurer leur activité et pérennité.

Ce cas « d'école » concerne des équipes dont la fin est prévisible et programmée, dont la « date de péremption » est clairement définie dès leur création. À notre avis, il illustre particulièrement bien les difficultés typiques et régulièrement rencontrées au cours de démarrages, de suivis, puis de clôtures de toutes formes de parcours « de projets » individuels et collectifs.

Le cas des unités saisonnières

Dans les métiers d'accueil saisonniers comme, par exemple, au sein des stations de ski ou d'autres destinations vacancières ouvertes une fois par an pour des saisons de six mois, puis refermées pour un temps presque équivalent, un rythme de travail particulier permet de bien prendre conscience des « boucles » de gestion de systèmes-projets.

Une organisation internationale spécialiste de ce type d'opération qui repose sur un cycle saisonnier doit donc gérer un certain nombre d'unités ouvertes seulement pendant une partie de l'année. « En saison », ces unités sont exploitées de façon à assurer un plein rendement, puis « hors saison », elles sont pratiquement fermées et abandonnées, sauf pour une équipe réduite qui en assure l'entretien et la sécurité.

Typiquement, et au sein de chaque unité concernée, un début de saison est caractérisé par une « mise en place » et une rapide montée en puissance. Cette mise en place est suivie d'un « cœur de saison » idéalement plus long et productif, suivi à son tour d'une « fin de saison » à nouveau plus courte et plus légère, centrée sur la préparation à la fermeture.

Pour ajouter à la complexité de ces cycles, d'une saison à l'autre, les équipes sont presque totalement reconstituées de personnes originaires d'un grand nombre d'autres lieux. Inexorablement, à chaque fermeture, les membres de ces équipes se dispersent à nouveau vers de nouveaux horizons.

Cette configuration temporaire et discontinue est somme toute assez typique de la gestion « d'équipes projets » au sein de nombreuses autres organisations configurées de façon réellement matricielle.

Dans le cas de notre entreprise et grâce à son contexte « d'ouverture » et de nouveauté, les débuts de saisons sont presque invariablement perçus comme extrêmement motivants. La rencontre de nouveaux partenaires de saison, le désemballage du nouveau matériel, la découverte d'un nouveau lieu, la préparation tranquille rodée alors que les clients sont encore peu nombreux et l'attente de l'activité à venir, tout permet au personnel de vivre une anticipation positive et grisante, quelquefois un peu décalée par rapport à la réalité à venir. Cette phase correspond bien évidemment à la période dite « d'ouverture » synonyme de **Conception** ou de lancement de systèmes-projets.

La phase qui suit rapidement est souvent caractérisée par beaucoup plus de difficultés et de stress. Les clients sont plus nombreux, plus encombrants et surtout plus exigeants que prévu. Les moyens s'avèrent souvent trop limités et les équipes sont perçues comme pas assez étoffées. Rétroactivement ou *a posteriori*, la préparation de l'ensemble est souvent considérée comme beaucoup trop sommaire.

Pour compenser, bien sûr, les équipes tentent de s'adapter en faisant de leur mieux, en effectuant des heures plus longues, mais aussi en se rendant moins disponibles et en s'occupant moins bien des besoins exprimés par chacun des clients. Cette période perçue comme étant beaucoup plus difficile est typique d'une phase de **Consolidation,** surtout lorsqu'elle repose sur des fondations (phase de Conception) fragiles.

Entre eux, les salariés commencent à exprimer leurs difficultés, entrent en compétition, râlent, et finissent par s'en prendre les uns aux autres. Dans un tel contexte, l'ambiance en prend un coup, la qualité baisse, et invariablement, le client en subit les conséquences. Ce dernier devient progressivement le « touriste », synonyme d'un numéro. Au fur et à mesure de l'avancement de la saison, tout cela permet à un « ras-le-bol » de s'installer au sein des équipes, et à la motivation de rapidement baisser pour quelquefois atteindre des planchers désespérants.

En « cœur de saison » les clients ressentent souvent ce mauvais état d'esprit dans ses relations avec le personnel et se plaignent de la mauvaise qualité de l'accueil.

© Éditions d'Organisation

Cette période relève de la dimension négative de la troisième phase, celle de **Maturité**. Cette mauvaise ambiance est une conséquence prévisible de la préparation inadéquate du démarrage de saison (Conception).

Enfin, lors de la « fin de saison », tout semble s'effilocher, avec comme symptôme habituel les départs anticipés d'une partie du personnel au sein de presque toutes les équipes. Un manque de moyens dû aux dépenses somptueuses de début de saison provoque un resserrement budgétaire et une rapide dégradation du matériel. De plus, le client remarque l'absence de disponibilité du peu de personnel encore présent, qui lui aussi se prépare mentalement à partir ou qui rêve déjà à une prochaine et nouvelle saison dans un autre lieu et quelquefois à un retour à une vie plus « normale » empreinte de stabilité. Le système-projet est manifestement en train de vivre sa période de **Distanciation**.

À l'analyse, si le personnel et l'encadrement de cette organisation semblent relativement bien se mobiliser pour assurer l'ouverture de ses unités, c'est plus particulièrement pour profiter de sa dimension motivante centrée sur la nouveauté du lieu et le « fun » d'un nouveau démarrage. Les étapes suivantes, trop sommairement préparées, sont donc caractérisées par une hyperactivité et un stress presque invariablement accompagné d'une ambiance « de crise ».

Nous pouvons percevoir ainsi que cette organisation a besoin de recentrer progressivement et fermement toutes ses équipes sur une gestion plus globale de l'activité cyclique dans son ensemble. De toute évidence, la direction de cette entreprise doit accompagner ses équipes pour assurer un meilleur encadrement de *l'ensemble de la courbe* saisonnière de leurs « systèmes-projets ».

Il s'agirait surtout de développer une plus grande compétence lors des ouvertures un peu trop « euphoriques » pour mieux préparer et suivre *tout* le déroulement de l'activité consécutive afin d'éviter les fins de saisons en « queues de poissons ».

Concrètement et au sein d'une direction opérationnelle de cette entreprise, un processus de « coaching d'équipe » d'abord centré sur un diagnostic des différents symptômes a ensuite servi à accompagner l'ensemble du management dans l'élaboration d'une véritable gestion de la *totalité* de la courbe de leur activité cyclique.

23

Une courbe de saison entière et « typique » fut d'abord élaborée et découpée en quatre étapes distinctes puis encore sur un déroulement mois par mois. Chaque étape fut mieux structurée afin de permettre des suivis précis accompagnés de nombreux inventaires matériels et autres instruments de mesure centrés sur un réel accompagnement de l'activité opérationnelle.

Le management développa des tableaux de bord pour assurer la continuité de l'activité d'une unité « standard », *de son ouverture jusqu'à sa fermeture*. En somme, une ouverture signalait le début d'un compte à rebours professionnel dont le but était une bonne fermeture. L'ensemble de ce compte à rebours fut planifié avec des « points » réguliers destinés à constamment prévoir et préparer d'excellentes fins de saison.

Les fermetures et périodes « d'intersaison » furent aussi revues et corrigées, avec leur compte à rebours pour mieux s'assurer que les redémarrages quelques mois plus tard se feraient en douceur.

Après deux tests en grandeur nature, le processus fut décliné au sein de toutes les unités de cette direction. Depuis cette mise en place, les équipes en charge des différentes « destinations » saisonnières managent leur activité cyclique de façon plus professionnelle, avec beaucoup plus de sérénité. Le résultat mesurable au niveau de la fierté du personnel d'accomplir un travail de qualité a permis le développement d'une bien meilleure ambiance et a largement amélioré la satisfaction générale de la clientèle.

Lors de cet accompagnement, il a tout simplement suffi d'aider le personnel opérationnel à mieux se centrer très précisément sur chacune des étapes de transition, échelonnées tout au long du parcours qu'il devait piloter jusqu'à la fermeture et au-delà, en envisageant déjà la future réouverture.

Ce cas simplifié ne sert ici que d'introduction. Il sert surtout à illustrer l'intérêt d'accompagner un système-projet en tenant continuellement compte de *l'ensemble* de sa courbe d'évolution. Lorsqu'elles divisent l'ensemble d'un parcours prévisible en tenant compte de ces quatre étapes fondamentalement transitoires, les personnes concernées se centrent presque automatiquement et de façon stratégique sur les besoins évolutifs *de chaque étape de transition,* en gardant l'œil sur les suites prévisibles. En conséquence, elles managent chaque phase en connaissance de cause et de façon beaucoup plus efficace, *tout en préparant les suivantes.*

Comme nous le verrons, les quatre étapes d'accompagnement de systèmes-projets évoquées ci-dessus sont fondamentalement différentes. Elles ne sont pas réellement séparées, mais se suivent dans une continuité cohérente[1]. Chacune repose sur la précédente à l'image d'un édifice de plusieurs étages.

Soulignons ici que l'ensemble du cycle doit invariablement reposer sur les fondations posées lors de la période de Conception. Si celles-ci sont bien conçues et solides dans leur réalisation, le reste a beaucoup plus de chances de bien tenir.

Ce modèle « *transitionnel* » peut être appliqué à un grand nombre de situations de leadership et de management comme en coaching individuel et d'équipe. Il est utile non seulement pour diriger une saison sur six mois mais aussi pour mieux animer une réunion d'équipe sur une journée, pour mieux mener une intervention d'une minute[2] ou un rendez-vous de deux heures, pour mieux accompagner la vie d'un produit sur des années, voire pour mieux diriger une trajectoire d'entreprise sur une période beaucoup plus longue.

Le cas ci-dessus illustre aussi qu'il ne s'agit pas « seulement » de bien manager chacune des étapes ou de bien développer son style de direction, mais plutôt ou *aussi* de savoir accompagner des « *dynamiques* » *d'évolution* qui se suivent et se consolident dans le temps. Si chacune des étapes nécessite la mise en œuvre d'approches appropriées, elle s'inscrit dans un ensemble cohérent et interdépendant dont il faut, à chaque instant, tenir compte.

Il s'agit donc de savoir accompagner des besoins évolutifs et émergents de façon stratégique, de bien anticiper et suivre un projet au fur et à mesure de son déroulement, et *aussi*, il faut le rappeler, de bien impliquer *toutes* les personnes et équipes concernées.

---

1. Traditionnellement et afin de ne pas réinventer la roue, il est quand même utile ici de se référer aux « styles de management » selon Blake et Mouton, revus et mis au goût du jour dans « le management situationnel » par Hersey et Blanchard. Ces styles sont aussi au nombre de quatre.
2. Voir *Le manager une minute* de Kenneth Blanchard.

En effet, si nous abordions les différentes étapes d'accompagnement de systèmes-projets uniquement avec un cadre de référence de « management » ou de leadership, la tentation pourrait être forte de penser que seuls les « leaders » de ces projets sont réellement concernés par leur mise en œuvre.

Si, en revanche, nous abordons les trajectoires des mêmes systèmes-projets en considérant que *c'est leur nature transitoire* qui nécessite des approches différentes, alors *tous les acteurs* impliqués se doivent d'aborder chaque instant en envisageant de s'adapter à chaque besoin spécifique lorsqu'il se manifeste dans l'immédiat émergeant.

Au cours des chapitres suivants, nous proposons donc *à chacun* d'envisager que les étapes de gestion de systèmes-projets concernent de façon intime l'évolution de n'importe quelle personne, entité ou processus en évolution, comme celle de tous les acteurs impliqués ou influencés par cette trajectoire.

© Éditions d'Organisation

Chapitre 1

La phase de Conception

La première phase d'évolution d'un système-projet, celle de « Conception », est détaillée ci-dessous. Cette présentation comprend quelques propositions concrètes sur le type d'accompagnement que pourrait mettre en œuvre un leader ou que pourrait proposer un consultant ou un coach à une personne, une équipe ou un système-projet lors de cette phase. Ce chapitre comprend un cas qui illustre de façon extensive un « coaching d'équipe »[1] dans l'accompagnement de cette phase et dans la préparation de la transition vers la phase de Consolidation, présentée à son tour au sein du chapitre suivant.

La dynamique de Conception

Dans un premier temps, la phase de Conception permet de poser la « loi » et les décrets d'application d'un système-projet. Il s'agit là du « cadre » dans lequel va s'inscrire une ambition, un nouveau projet ou une création d'entreprise. Elle permet à l'individu comme aux parties prenantes collectives de définir *et* mettre en œuvre le « contrat » au sein duquel ils pourront faire évoluer leur construction à la fois individuelle et collective.

---

1. Pour approfondir cette approche, lire *Coaching d'équipes*, Alain Cardon, Éditions d'Organisation, Paris, 2003.

Plus précisément, la phase de Conception permet d'abord de définir de façon « légale » et opérationnelle la nature, les relations, la direction, l'objet, les étapes décisives, les limites, les règles et les procédures, donc « le cadre » d'un système-projet. Cette première partie de la phase de Conception concerne la définition de l'équivalent d'une « forme mentale » qui pose par avance l'agencement que la matière prendra par la suite, après la naissance.

Juste après la naissance, la phase de Conception comprend l'accompagnement du système-projet dans sa construction initiale et matérielle et dans la mise en œuvre de ses premiers pas. En conséquence, la période de Conception est généralement marquée par un fort besoin de rigueur et de qualité. Elle permet de définir et mettre en œuvre la base ou la fondation dont la fonction est de soutenir et supporter le système-projet par la suite pendant l'ensemble de son parcours.

La phase de Conception repose sur une dynamique de « directivité ». Au-delà de son aspect trop encadrant, voire procédurier ou limitant, souvent décrit de façon excessive, sinon péjorative par les inconditionnels de l'approche Informative ou Participative, la fonction Directive, quelquefois synonyme du même style de direction, est par définition « fondatrice ». Cet aspect intrinsèque la rend donc essentielle comme phase initiale et structurante pour assurer le bon lancement d'un système-projet.

La dynamique de Conception peut souvent paraître paradoxale. Elle véhicule à la fois « l'esprit » d'un projet et sa « lettre ». Si elle est essentiellement visionnaire, c'est-à-dire centrée sur un objectif à moyen ou long terme, elle initie le système-projet dans sa potentialité en posant ses fondations dans un « cadre géniteur », légal et opérationnel[1], donc limitant. Plus ce contrat initial et fondateur est solide, détaillé et écrit, (et en consé-

---

1. Il est utile de rappeler qu'un bon contrat envisage très précisément les conditions de sa modification ou de sa rupture. Il prévoit donc les procédures qui permettent les modifications du contrat *ainsi que celles qui définissent la fin du projet*. Nous reprenons cet aspect ailleurs dans ce texte.

quence, plus il est contraignant pour toutes les parties concernées), plus facile sera la gestion quotidienne du système-projet, et meilleurs en seront les résultats.

La dynamique de Conception « Directive » correspond donc à la mise en place de la fondation d'une construction immobilière. Plus cette base est solide, cohérente et posée sur du roc, plus les murs de l'immeuble tiendront dans le temps. À l'inverse, plus cette base est fragile ou incertaine, plus nous pouvons nous attendre à ce que tôt ou tard des failles apparaissent, des cloisons se lézardent, à ce que l'ensemble finisse par s'affaiblir ou s'écrouler.

Afin de bien comprendre la nature de la *dimension* Directive dans son rôle structurant lors de la phase de Conception, imaginons qu'elle peut être également portée par un collectif *non hiérarchique*, tel un réseau de personnes suffisamment mûres pour en mesurer l'importance, avant de collectivement se lancer tête baissée dans un projet trop ouvert, peu ou mal défini.

L'analogie peut-être frappante avec l'Europe d'aujourd'hui dont la démarche d'élaboration et de rédaction de sa *constitution* est menée en l'absence même d'un processus de décision clairement prédéfini. Paradoxalement, cette constitution à pour but de définir le processus de décision qui lui-même permettrait d'arriver à un accord sur la constitution.

Puisqu'elle fait intrinsèquement partie d'une phase de Conception, l'écriture d'une constitution est à la base de toutes les lois et de tous les décrets d'application qui rendent opérationnelles les décisions et actions qui suivent. De toute évidence, l'enjeu à long terme de cette phase est à la mesure des difficultés souvent rencontrées.

Dans notre modèle centré sur la nature évolutive des systèmes-projets et sur leurs transitions, la phase de Conception accompagnée de la fonction Directive ou « contractuelle » occupe une place naturelle au sein de la première étape. Celle-ci précède, accompagne et suit la naissance de sa mise en œuvre jusqu'au début de la phase suivante de Consolidation.

29

LA FONCTION DIRECTIVE EN ACCOMPAGNEMENT DE PROJET

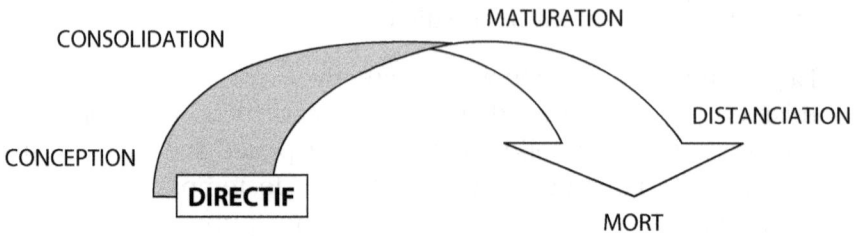

Lors de cette phase, la présence et la fonction du leader d'équipe ou d'entreprise sont généralement essentielles. C'est lui qui représente et définit le système-projet en assumant la responsabilité de toutes les décisions et en s'assurant de toutes leurs mises en œuvre.

Lors de cette phase, le rôle d'un coach n'est pas, bien entendu, *d'assumer* lui-même la fonction « Directive » telle qu'elle est définie ci-dessus. Son rôle consiste plutôt à aider son client individuel ou collectif à bien prendre le temps et les moyens de définir sa propre direction, *son propre* cadre, *sa propre* assise contractuelle, les fondations de *son propre* projet, les conditions de *son* démarrage comme *sa* projection de Consolidation dans le temps[1].

Les interfaces

Au niveau des interfaces ou relations, la première partie de la phase de Conception est caractérisée par la prédominance d'une dynamique solitaire, quelquefois très personnelle, pour le leader comme pour les autres partenaires du système-projet. Fondamentalement, lors de cette phase, tous les acteurs concernés semblent beaucoup plus centrés sur la définition de leur propre *place individuelle* dans un ensemble encore relativement indéfini. Par conséquent, chacun est dans sa solitude.

---

1. À la recherche d'indicateurs, le coach peut déjà se reposer sur l'attitude et les comportements du client lors de la définition du contrat de coaching.

Qu'il s'agisse d'un projet individuel ou collectif, cette phase concerne donc la définition et la mise en œuvre d'actions *individuelles*, voire solitaires au sein d'un système ou d'un environnement encore perçu comme indéfini. En conséquence, les préoccupations dominantes en phase de Conception sont très personnelles et répondent aux questions qui concernent la précision du contrat individuel et la capacité propre de chacun à le respecter.

Lors de la phase de Conception, nous observons donc la généralisation d'une approche presque « égocentrique », dans le sens où chacun cherche surtout à définir et remplir son propre contrat personnel sans trop se soucier des personnes autour ou de son équipe environnante. De ce fait, même s'ils sont quelquefois collectifs, les systèmes-projets sont souvent conçus en « solitaire » ou encore au sein de relations à deux, relativement confidentielles, voire hermétiques à l'environnement.

Cette approche relativement saine en période d'initiation ou de « démarrage » permet à chacun de se concentrer sur ses propres responsabilités et sur sa capacité à les assumer. Il s'agit ici de respecter le niveau de qualité, les délais, les procédures, les budgets, etc. *avant* de se préoccuper de son voisin ou de l'ensemble du système environnant. En effet, avant de se soucier des autres, il est souvent bon d'assurer sa propre assise, de balayer devant sa propre porte.

Un peu plus tard, après la *naissance* du système-projet, (évènement intimement lié à la conception), le mode relationnel jusque-là relativement confidentiel commence à tenir compte du « public ». Le modèle de communication se modifie alors pour informer, principalement en sens unique, l'environnement collectif. Il ne s'agit pas ou peu de consultation ou même de dialogue mais plutôt d'élocutions, presque dans le sens théâtral du terme. La communication qui devient alors prédominante concerne l'information générale et « institutionnelle » du « public » concerné par le système-projet. Cette information est souvent centrée sur le « sens » et l'objet du projet en question : ses valeurs, ses objectifs, les résultats attendus, ses qualités.

© Éditions d'Organisation

Ainsi, lorsque le système-projet est annoncé publiquement, sa véritable naissance a eu lieu et sa mise en œuvre ou sa construction, but ultime de la phase de conception, peut démarrer.

Les compétences

Dans la période initiale ou « Directive » de Conception et de mise en œuvre d'une nouvelle aventure collective ou d'un nouveau projet personnel, les compétences font l'objet de questionnements, de doutes et d'incertitudes.

Si chacun des acteurs d'un système-projet a préalablement accumulé une certaine quantité de connaissances et acquis une longue expérience, *il ressent souvent* un manque de compétence par rapport à la nouvelle aventure *en création*. En effet, chaque nouveau système-projet est par principe fondamentalement différent de tout ce que les uns et les autres peuvent avoir vécu précédemment et ailleurs.

En conséquence, nous constatons que si les membres d'une nouvelle dynamique peuvent chacun apporter avec enthousiasme les connaissances et compétences personnelles accumulées par le passé, ils ont tous besoin de bien définir et respecter le *nouveau* cadre qui leur permettra de se centrer sur les besoins spécifiques du système-projet *actuel*. Trop se reposer sur des expériences passées peut favoriser un certain confort illusoire et des préjugés qui s'avèrent souvent et par la suite source de malentendus ou de mauvaises surprises. D'où encore l'importance d'un cadre bien défini, et respecté.

Or nombreux sont ceux qui ont des difficultés à accepter que chaque nouveau système-projet soit original et spécifique. La nécessité d'un encadrement contractuel sur les besoins particuliers d'une nouvelle situation demande donc souvent beaucoup d'énergie. En effet, le plus souvent, les personnes qui participent à ces périodes de « lancement » veulent « foncer » dans l'action en se reposant sur leurs acquis sans prendre le temps de vraiment définir et intégrer en temps réel les détails techniques spécifiques à la nouvelle situation.

La motivation

La période initiale et « Directive » de Conception et de mise en œuvre d'une nouvelle aventure est fondamentalement motivante pour tous les acteurs impliqués du fait de leur profond engagement. En effet, si un projet ne suscitait pas l'intérêt d'une personne ou d'un système, il ne serait pas porté et, par conséquent, il ne verrait jamais le jour.

Cette motivation quelquefois excessive peut aussi masquer un manque de connaissances des détails techniques et des démarches opérationnelles (compétences) que nécessitera le système-projet dans la durée, et donc de l'investissement réel qu'il suppose. Nous constatons en effet que les individus qui s'inscrivent dans une nouvelle dynamique apportent souvent avec enthousiasme une énergie personnelle quelquefois débordante, ce qui nécessite de leur offrir un cadre qui les recentre sur les besoins spécifiques du système-projet actuel.

L'accompagnement du leader par un coach en phase Directive consiste donc essentiellement à aider l'équipe à développer sa « compétence » en lui permettant de s'ancrer dans la réalité concrète et dans l'action par la définition et l'application « contractuelle » et individuelle du système-projet dans tous ses détails pratiques. Même si cette approche n'est pas centrée sur le niveau déjà élevé de la motivation, elle aide concrètement à matérialiser le système-projet dans sa spécificité.

Une dynamique rigoureuse d'encadrement ou de « Directivité » devient donc utile, sinon nécessaire pour encadrer l'excès de motivation et pour assurer la mise en œuvre d'actions qui correspondent à la définition spécifique et immédiate du système-projet particulier, de *son* sens, de *ses* objectifs, de *ses* procédures et critères de qualité, de *ses* délais, etc.

Dans un premier temps, l'accompagnement du consultant ou du coach en phase de Conception consiste essentiellement à aider le leader et client à tempérer sa motivation et développer sa propre « compétence » en l'aidant à s'ancrer dans la réalité concrète et dans l'action par la définition « contractuelle », formalisée par écrit, du système-projet dans tous ses détails pratiques. Même si cela peut paraître fastidieux, ce travail peut aider à mieux matérialiser le système-projet, c'est-à-dire aider à transformer le « rêve » relativement imprécis et encore évolutif en une réalité concrète plus tangible, mesurable et matérielle, même si elle est moins idéalisée.

Le temps

Lors de la période de Conception et *avant* sa naissance, les acteurs impliqués au sein d'un système-projet peuvent ne pas réellement tenir compte de la notion de temps. Le travail de conception à proprement parler est souvent effectué de façon « sourde » ou intériorisée, en suivant un rythme quelquefois perçu comme un peu lent.

Le ou les concepteurs et participants peuvent encore définir et redéfinir les lignes directrices, et envisager de poser les fondations du futur ensemble sans vraiment fixer ni tenir compte de délais précis. Ces délais ne commencent à être définis qu'à la naissance officielle, lorsque le système-projet aborde une période plus active de lancement et de construction.

Cette première absence de conscience du temps est due au fait que tant qu'un contrat n'est pas écrit et validé par une communication publique, il n'existe pas véritablement d'étapes formelles, ni de date de livraison. Aussi, lors de cette période, l'accent est plutôt mis sur la qualité de la conception, quitte à accumuler quelques retards. C'est sans doute pour ces raisons que beaucoup de systèmes-projets mûrissent quelquefois tranquillement dans l'esprit de certaines personnes pendant quelques années avant de subitement voir le jour lorsque le moment est jugé opportun et que l'environnement est réceptif.

Avant la naissance ou ce lancement officiel, le temps introverti est donc celui du coureur de fond, qui dans une dynamique solitaire et confidentielle suit ses pensées personnelles tout en voyant défiler le paysage qui servira de toile « de fond » à une construction mentale qui peu à peu prendra forme.

Si le manque de date limite permet quelquefois de laisser « traîner » un système-projet de façon inutile pendant trop long-temps, il peut aussi assurer que sa conception se fasse sans pression, avec soin et qualité, et que lorsqu'il verra enfin le jour, il sera bien conçu. Ce temps indéfini est donc quelquefois plus utile qu'une précipitation trop impatiente.

Cette façon « introvertie » de procéder est toutefois considérée par certains comme l'apanage de chercheurs en sciences « fondamentales », mais peu réaliste sur le marché « réel » de la vie d'entreprise. À trop mûrir son projet, on peut aussi rater le train qui aurait permis de le lancer.

Il en découle que, pour accélérer la mise en œuvre ou la nais-sance matérielle d'un système-projet en l'absence même de suf-fisamment de détails concrets, il est quelquefois utile de se fixer une « date limite de lancement » arbitraire ou de façon intuitive. Cela sert à mobiliser les énergies et précipiter la concrétisation. L'accompagnement par un coach peut ici aider un système-pro-jet à se fixer des dates limites réalistes c'est-à-dire ni trop cour-tes, ni trop longues. Cela peut quelquefois s'avérer structurant.

Le moment de « naissance », acte éminemment social, change subitement la nature du temps et déclenche une transition majeure. Subitement, par l'introduction de délais à la fois précis et communiqués, la réalité concrète du projet doit apparaître aux yeux du public. L'urgence émerge et les énergies se concentrent sur la multitude de petits détails imprévus qu'il faut régler pour assurer une bonne construction matérielle.

De la part du leader, cette période demande beaucoup d'énergie d'encadrement, d'autant plus que les personnes qui participent à ces périodes de « lancement » veulent presque naturellement se lancer dans l'urgence de l'action sans préalablement prendre le temps indispensable pour définir et intégrer les détails techniques spécifiques à la situation. Ces personnes sont géné-ralement plus centrées sur les crises à court terme que sur « l'important » ou le stratégique à moyen ou long terme.

Stimulé par des questions judicieusement posées, ce sera au lea-der ou au client de définir le sens global et le détail des modes

35

opératoires plus précis qui permettront à son projet ou à son entreprise de voir le jour puis de réussir dans un délai déterminé par avance.

Cet accompagnement *dans la durée* facilite la visualisation puis la mise en œuvre du système-projet. Il permet de préciser les différentes étapes opérationnelles tout en tenant compte des contraintes. En s'assurant de la qualité de sa préparation, son lancement s'exécute avec le maximum de chances de succès.

Un cas « d'ouverture »

Une expérience d'accompagnement d'un système-projet en phase de Conception concerne un accompagnement de « pré-ouverture » au bénéfice de l'équipe de direction d'un hôtel de luxe à New York. Cette expérience illustre les difficultés de transition qui peuvent se manifester lors de la phase de Conception « Directive » détaillée plus haut.

Au début du processus d'accompagnement ou de coaching, l'hôtel en question est encore en construction. La livraison du bâtiment est prévue pour neuf mois plus tard. Le directeur et son équipe de direction sont nommés, et tous préparent l'ouverture. L'équipe souhaite être accompagnée par un coach afin d'arriver à la date d'inauguration dans de bonnes conditions. Ils sont tous très motivés, conscients d'avoir à accomplir une tâche importante qui représente d'énormes enjeux financiers et stratégiques pour une entreprise internationale.

La demande d'origine de l'équipe est paradoxalement centrée sur des enjeux relationnels. Ils disent avoir besoin de mieux se connaître, de bien s'entendre au sein de l'équipe et de développer la motivation (alors qu'ils sont déjà tous très motivés !). Pour atteindre ces objectifs, ils prévoient de participer à un séminaire de style « cohésion d'équipe ». Ils souhaitent que ce séminaire comprenne un certain nombre d'activités « positives » et « de rencontres » pour bien répondre à ces deux objectifs.

Toutefois, le regard de chacun sur ses propres compétences génère un niveau de stress individuel relativement élevé. Les tensions personnelles sont peu exprimées au sein de l'équipe et sont dues aux nombreux problèmes inhérents à tous les projets que chaque directeur de département doit mener de front, tout en se préparant à recruter les collaborateurs qui constitueront son équipe subalterne.

© Éditions d'Organisation

Peu avant la date du séminaire, la pression à court terme est d'ailleurs tellement forte que les trois jours de « cohésion d'équipe » sont finalement considérés par une majorité comme une perte de temps.

Un diagnostic de la situation réalisé *avec* les personnes concernées permet de les aider à situer leurs vrais enjeux. Le travail d'accompagnement est recentré sur des dimensions complètement différentes que celles prévues à l'origine. Un coaching d'équipe est mis en place afin d'accompagner le *travail collectif* et pour instaurer des modalités de *partage régulier d'informations opérationnelles*. Ceci pour que chacun puisse régulièrement informer tous les autres de l'avancement de sa mission de « pré-ouverture » telle qu'elle est définie et communiquée.

Chaque département a déjà ressenti le besoin d'établir un compte à rebours qui détaille l'enchaînement de ses tâches prioritaires jusqu'au jour d'ouverture. Ce travail a donc déjà été accompli, mais par département. Cependant, au cours du processus d'accompagnement, la prise de conscience de l'existence de nombreuses interactions entre les départements souligne la nécessité d'organiser des réunions régulières afin de mettre tout le monde sur la même longueur d'onde. Ce constat permet d'harmoniser les comptes à rebours respectifs, propres à chaque département, afin d'en établir un plus « intégré » qui orchestre dans le détail les moments de *collaboration interdépartementale* permettant de mieux assurer le résultat collectif.

Ce travail a permis de faire en sorte que la phase de Conception soit mieux assurée. Pourtant, l'équipe de direction a encore à prendre conscience d'une étape capitale qui ne sera perçue qu'après quelques séances. En effet, toutes les équipes sont tellement concentrées sur la « pré-ouverture » qu'ils perdent totalement de vue le fait que l'hôtel *démarre* son activité au moment où ils pensent avoir terminé leur mission. Si l'ensemble de l'équipe est mobilisée pour préparer la « naissance » officielle de l'hôtel, elle ne visualise pas ou très peu la suite des évènements au-delà de cette date à la fois critique et hautement symbolique.

En effet, un risque très important existe : suite à l'ouverture, l'énergie bien mobilisée par l'équipe de direction peut retomber comme un soufflet, et les opérations journalières les plus banales ou les plus routinières pourraient ne plus autant stimuler les esprits.

Le quotidien répétitif « post-ouverture » pourrait très rapidement lasser, surtout s'il est comparé à la créativité réactive d'une pré-ouverture. Il se peut en effet que les problèmes inévitables qui surgiront après l'ouverture ne soient plus résolus avec le même professionnalisme individuel et collectif.

Quatre mois avant l'ouverture, le travail de l'équipe a consisté alors à définir un nouvel objectif « post-ouverture » qui supplante ou remplace le « délai de livraison » original. Le nouvel objectif collectif devient l'atteinte d'un niveau de rentabilité précis avec un taux d'occupation ambitieux à une date fixée *près d'un an après* l'ouverture.

Le compte à rebours initial et pourtant satisfaisant dans un premier temps est modifié pour couvrir tous les besoins opérationnels *jusqu'à cette date de rentabilité* un an plus tard. L'équipe de direction décrète qu'elle ne considérera pas l'hôtel réellement « ouvert » avant l'atteinte de cet objectif opérationnel. De ce fait, l'inauguration du bâtiment ne devient qu'un « incident de parcours » ou une étape intermédiaire sur une trajectoire un peu plus longue, la date de rentabilité telle qu'ils l'ont définie.

Cet accompagnement en coaching permet non seulement à l'équipe de sécuriser la date d'ouverture de l'hôtel mais aussi de permettre une rentabilité plus rapide. La motivation est sauvegardée, les opérations démarrent grâce au processus d'accompagnement et chacun continue de travailler dans la durée avec la même énergie positive.

Nous constatons que le coach a permis au système de mieux s'inscrire dans la phase de Conception (Directive) en tenant mieux compte des impératifs « post-naissance » centrés sur la matérialisation ou la mise en œuvre de leur projet. La période « post-ouverture » est d'ailleurs souvent sous-estimée en hôtellerie comme dans d'autres mises en œuvre trop centrées sur le lancement et pas suffisamment sur le début de l'exploitation.

En effet, suite à une ouverture, beaucoup d'hôtels mettent un certain nombre d'années à devenir financièrement rentables. Dans de nombreux métiers et projets, il est d'ailleurs courant de constater qu'un an après une « ouverture », l'équipe de démarrage a complètement changé pour laisser la place à des gestionnaires plus à même de mener la phase de Consolidation et de Maturité, dans la durée.

Si la dynamique d'accompagnement concernait l'équipe de direction en tant que système, il est utile de rappeler qu'elle a eu une énorme influence sur la manière dont chacun des partenaires du projet, chacun des directeurs de département, eut à adapter son comportement. Ce changement de perspective au niveau de la direction eut comme conséquence de bien préciser les objectifs et canaliser les attitudes et les comportements de l'ensemble du personnel de l'organisation. Eux aussi étaient beaucoup plus conscients, dès leur embauche, des enjeux de rentabilité du système, à « moyen » terme.

Ce cas illustre un accompagnement qui a aidé un système-projet à bien mener sa phase de Conception en assurant la « construction » de ses fondations jusqu'au bout. Cette démarche a posé les prémisses de la période de Consolidation qui peut suivre, presque « tout naturellement ».

Stratégies d'accompagnement

Comme lors des étapes ultérieures d'évolution de système-projet, les personnes et organisations en phase de Conception **demandent** à leurs ressources extérieures telles leurs consultants ou leur coach de les aider à se développer *tout en cherchant inconsciemment à leur imposer un cadre de référence restreint*, caractéristique de la période qu'ils vivent.

Leurs premières options sont par exemple d'opter pour une formation approfondie, donc longue, des conseils de spécialistes ou un coaching *individuel, voire* confidentiel. Par ces stratégies, les acteurs semblent vouloir temporiser et limiter la communication de leurs problèmes précis en les morcelant, en les généralisant, en les gardant confidentiels, en retenant des informations utiles, ou encore en limitant tout de suite des options trop originales. Nous pouvons supposer que ces stratégies inconscientes peuvent être mises en œuvre par les acteurs concernés afin de se protéger alors qu'ils sont déjà sous stress, pour simplifier, quelquefois afin de se rassurer.

L'ouverture et la transparence ne sont pas le fort des personnes et systèmes en phase de Conception. Leur réserve, leurs réticences se ressentent dans la relation qu'ils établissent avec leurs consultants ou leurs coachs en situation d'accompagnement. En conséquence, en période de Conception, il est presque illusoire pour le coach d'imaginer un réel travail d'accompagnement *en équipe* avant d'avoir établi une solide relation de confiance, surtout avec le leader. Cela passe quelquefois par une période de coaching individuel.

Lors de la phase de Conception, le client individuel ou collectif choisit généralement d'aborder en priorité le développement de son savoir-faire, lié à des compétences ou à des expertises dans des domaines limités. Il est fondamentalement convaincu que tous ses problèmes sont d'ordre technique. Par conséquent, il est plutôt à la recherche de solutions concrètes et opérationnelles, et, s'il apprécie de s'entourer d'experts et de spécialistes dans les domaines qu'il ne domine pas, il écoute peu dans les domaines qu'il juge être de sa compétence.

En conséquence, en phase de Conception, un consultant est surtout sollicité pour son domaine d'expertise. Un coach, en revanche, doit surtout œuvrer à accompagner la *démarche* de Conception sans tomber dans les nombreux pièges qui consisteraient à répondre de façon trop fermée aux questions (légitimes) centrées sur du contenu.

En phase de Conception, pour ne pas prendre un trop gros risque en matière de confidentialité, le choix du consultant ou coach est souvent très personnel. Il est fait en s'adressant à son avocat d'affaires, aux cabinets de conseil classiques, souvent les plus connus, à un professeur d'université réputé, ou encore à un consultant recruté au sein d'un réseau d'experts ou de pairs par un bouche à oreille auprès de connaissances proches.

Les enjeux

Comme pour les phases qui suivent, les vrais enjeux se situent en dehors du champ de conscience des personnes et systèmes en phase de Conception. En effet, ces acteurs ne perçoivent pas vraiment que les options qu'ils retiennent, et pour certaines identifiées ci-dessus, peuvent se révéler être des stratégies trop défensives ou protectrices. En phase de Conception et comme le démontre le cas détaillé ci-dessus, il est souvent très utile de commencer à préparer la suite : la phase de Consolidation.

Le premier axe d'accompagnement est de s'inscrire dans la durée et de préparer *également* le moyen et long terme en envisageant le développement de relations plus ouvertes, voire d'interfaces plus collectives. Dans cette perspective, la relation d'accompagnement avec un coach peut *elle-même* servir comme modèle de développement de relations de collaborations plus transparentes.

Une des plus grandes difficultés des systèmes-projets en phase de Conception est en effet de faciliter et de stimuler un *dialogue* performant *entre* les personnes, entre les services, entre les départements et entre tous les différents niveaux de l'organisation, y compris avec ses clients. Si le coaching individuel est déjà utile lors de cette phase, il s'agit de ne pas hésiter à élargir le champ de l'accompagnement pour faciliter le développement et l'amélioration d'interfaces avec une, deux ou plusieurs autres personnes concernées par le système-projet.

Paradoxalement, la phase de Conception est souvent caractérisée par un réel besoin d'accompagnement pour développer des interfaces et des relations efficaces. Cela commence au niveau des dynamiques internes et se confirme tout au long de la mise en place d'une approche plus interactive avec les fournisseurs, les clients et l'ensemble de l'environnement.

L'enjeu est d'apprendre à développer plus de transparence, donc de *confiance*, dans des relations contractuelles et opérationnelles réellement centrées sur la tâche. Le cas échéant, cela commence par développer de la confiance au sein de l'équipe-projet en tant que telle, entre chacun de ses membres, et puis la confiance en l'avenir et dans le changement, en faisant l'apprentissage de la prise de risques calculés avec un environnement plus large.

Un autre enjeu peut concerner le développement d'un peu de légèreté, d'un sens de l'humour plus débridé, de prendre les

41

choses de façon moins formelle et moins dramatique. Le travail avec le coach peut inclure de la créativité, de l'humour, des approches paradoxales, une relation créative et une recherche d'options originales. Cela permettra peu à peu de bousculer une approche souvent trop formelle ou centralisée et qui conforterait une vision trop limitée du système-projet, pour lui permettre de mieux se développer et de s'épanouir.

© Éditions d'Organisation

CHAPITRE 2

La phase de Consolidation

La deuxième phase d'évolution d'un système-projet, celle de « Consolidation », est détaillée ci-dessous. Cette présentation est suivie d'un cas qui illustre les difficultés de leadership et un coaching d'équipe concernant une transition entre cette deuxième période et la phase de Maturité, présentée au chapitre suivant. Ce cas est également précédé de quelques réflexions sur le type d'accompagnement que pourrait proposer un coach à une personne ou à une équipe-projet lors de cette phase.

La dynamique de Consolidation

De façon naturelle, la période qui suit immédiatement la phase de Conception est celle qui concerne la « Consolidation » du système-projet. Cette période appelle une dynamique « Informative », c'est-à-dire centrée sur l'échange et le traitement de toutes les informations utiles au renforcement structurel et à la croissance organique du système-projet.

Lorsque cette dynamique repose sur un ensemble contractuel bien défini, régulièrement communiqué et respecté, propre à la phase de Conception, la fonction Informative permet de mettre en œuvre la précision nécessaire à la recherche, à l'instruction, à l'analyse, au débat d'idées ainsi qu'à la diffusion d'informations. Tous ces critères permettront au système-projet d'assurer sa compétence et d'atteindre ses objectifs de croissance et de

© Éditions d'Organisation

rentabilité *réunis*. Lors de cette phase, il s'agit de bien assurer la Consolidation du système-projet pour pouvoir aborder, voire s'installer dans la phase suivante de Maturité.

LA FONCTION INFORMATIVE EN ACCOMPAGNEMENT DE PROJET

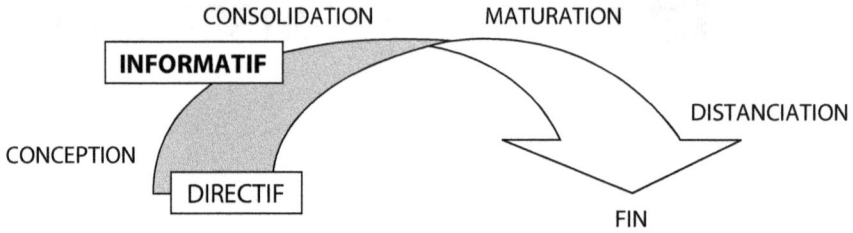

La période de Consolidation est celle d'une spécialisation ou d'une professionnalisation performante qui permet au système-projet de réellement exister puis de *s'affirmer* pour prendre sa place au sein de son environnement. Cette période est souvent caractérisée par des démarches d'études de marché et d'impact, des recherches approfondies en développement, une veille de la concurrence, des mises en œuvre d'instruments de mesure et de méthodes de contrôles budgétaires et de qualité pour assurer une production à la fois sans surprise, performante et rentable.

Cette étape de développement est particulièrement valorisée par le courant de pensée actuelle privilégiant une gestion de projet bien informée et rigoureuse, voire prévisible dans une approche budgétaire bien contrôlée, sinon pointilleuse. Force est de constater néanmoins que l'approche Informative pêche quelquefois par excès de zèle. De nombreuses cultures d'équipes et d'organisations surestiment les qualités propres à cette phase au point de considérer qu'elle doit devenir leur but ultime, presque idéologique. Par conséquent, elles risquent d'avoir énormément de difficultés à s'adapter à toute nécessité d'évolution.

Lors de cette phase, un esprit d'argumentation et un contrôle intellectuel et opérationnel trop développés peuvent aussi limiter l'action. Ces attitudes révèlent quelquefois une compétition interne relativement élevée et ont pour conséquence la peur de l'initiative et la phobie de « l'erreur » souvent traduite en « échec ». Elles peuvent inhiber la souplesse, l'adaptation et la créativité, stimuler des attitudes défensives ou offensives internes et externes, et à terme apporter les germes d'un conservatisme ou d'un dépérissement prématuré.

Essentiellement utile lors d'une période de Consolidation, la fonction Informative répond à une « juste » compréhension des paramètres qui influent sur la « bonne » marche et le « bon » développement d'une entreprise ou d'un système-projet, mais attention aux excès.

Les interfaces

Lors de la phase de Consolidation, les relations sont plutôt caractérisées par l'apparition d'interfaces de discussion, voire *de négociation* entre binômes performants, quelquefois au sein d'oppositions trop compétitives. En effet, après avoir bien déterminé son propre domaine de compétences et s'être ouvert à l'autre ou aux interfaces professionnelles avec ses partenaires et son voisinage, chacun découvre souvent la *différence* dans le point de vue de son voisin. Il fait donc l'apprentissage soit de la complémentarité, soit de l'opposition.

En phase de Consolidation apparaît la nécessité de définir les liens *entre* les territoires personnels et *entre* les parties constitutives du système-projet, pour développer de bonnes relations fournisseur-client internes et externes. Les interfaces à travailler concernent le potentiel de synergies, les oppositions, les contradictions, les chevauchements et les « manques » ou besoins auxquels il faudrait répondre, mais que personne n'assume.

De ce fait, la période de Consolidation est caractérisée par de nombreux échanges d'informations, quelquefois teintés d'un esprit de protection de son propre territoire ou de compétition avec celui du voisin. En effet, les différentes parties prenantes s'expriment au travers de cadres de références opposés et

45

essaient chacune de faire valoir ses propres intérêts, souvent tentant de les imposer à l'autre ou à l'équipe.

Lors de cette phase doivent peu à peu se mettre en œuvre les germes d'une *équipe* efficace. Si dans un premier temps le dialogue s'installe au sein de l'équipe et en réunion, il se limite trop souvent à un rapport entre *chaque membre de l'équipe et le leader*. Même si ces échanges se font en public, leur nature reste trop souvent bipolaire en face-à-face avec le patron, pendant que le reste de l'équipe observe.

Si l'équipe ne dépasse pas cette première étape, elle se limitera à un système très centralisé, reposant essentiellement sur les épaules du leader. Dans ce cas, les relations individuelles centrées sur le patron serviront essentiellement à éviter que chacun des membres développe des interfaces directes les uns avec les autres.

Or la phase de Consolidation a pour fonction primordiale de développer les « effets de système » ou *la valeur ajoutée principalement issue des interfaces entre les sous-ensembles* ou entre *tous* les partenaires au sein du système-projet et avec l'environnement.

En conséquence, la phase de Consolidation doit permettre de s'assurer que le résultat du « tout » dépasse, dans les faits, la somme des résultats de chacun des éléments constitutifs. C'est la réalisation de ce résultat « systémique » qui permet la véritable « Consolidation » du système-projet et qui, par conséquent, en assure sa solidité et sa pérennité. Si l'évolution *transversale* des interfaces techniques, c'est-à-dire centrée sur la tâche, n'est pas assumée, le système-projet ne pourra pas réellement développer sa performance systémique ni progresser vers une réelle Maturité.

La motivation

En période de Consolidation, la motivation débridée caractéristique de l'époque « héroïque » de création a disparu. Les « cent jours d'état de grâce » propres à toute nouvelle aventure ou nouveau démarrage sont terminés. Lors de cette phase, la « dure réalité » devient le pain quotidien des acteurs et responsables de systèmes-projets.

La baisse de motivation perçue lors de cette deuxième période découle directement de la multiplication des échanges opérationnels de leurs destinataires. Face à cette nouvelle complexité de la tâche liée aux multiples interfaces transversales et face aux innombrables contraintes souvent mal mesurées au départ, la motivation initiale et propre à la phase de Conception finit par en « prendre un sérieux coup »[1].

En Consolidation, le client individuel ou collectif se rend compte que l'aventure nécessite beaucoup plus d'informations, d'analyses et de méthodologies *transversales* pour développer la professionnalisation des interfaces à la fois au sein du système-projet et avec son environnement. La difficulté et complexité des interfaces peuvent influencer les relations en les rendant plus tendues ou stressantes. La tentation d'éviter les relations transversales directes en s'adressant uniquement au leader sera relativement élevée.

Le rôle du leader sera donc de faciliter l'établissement de relations directes entre les membres de son équipe afin qu'ils traitent tous leurs problèmes en face-à-face, sans l'aspirer « au milieu » de leurs différents.

Cette complexité croissante due aux nombreuses interfaces du système-projet et les difficultés rencontrées ralentissent alors les ardeurs. La motivation baisse alors que le développement de la compétence d'interfaces professionnelles n'est généralement pas encore au rendez-vous.

---

1. Suite à une élection, la meilleure période pour faire passer un maximum de réformes se situe, dit-on, dans les cent premiers jours. La motivation est élevée et les esprits sont positifs. La période suivante est souvent vécue comme un dur retour à la réalité complexe où chaque action nécessitera plus d'information, d'interaction et d'argumentation et provoquera beaucoup plus de résistances.

47

Les compétences

Cette deuxième phase de Consolidation est caractérisée par une dynamique Informative plutôt centrée sur le développement de la compétence des interfaces *entre* les tâches. Une fois de plus il ne s'agit plus des compétences individuelles, mais de la compétence d'interaction *entre* les différentes compétences spécifiques et, à terme, *la capacité de chacun à s'affranchir du leader.*

Cette phase est souvent vécue comme plus difficile par les membres du système-projet car elle peut devenir plus interactive, voire compétitive *entre pairs.* La concurrence interne et externe, les stratégies territoriales, offensives et défensives comme les processus de boucs émissaires apparaissent souvent lors de cette phase. Elles consomment beaucoup de temps et d'énergie, surtout lorsqu'elles aspirent le leader dans un rôle d'arbitrage ou une position de « juge » qui doit « trancher »[1].

Lors de cette phase, le travail du coach consistera à accompagner une dynamique Informative, à la fois « technique » et relationnelle surtout centrée sur la définition et la résolution de problèmes transversaux d'interfaces *de compétences.* Il s'agit d'aider les membres du système-client à clarifier leur réflexion, à professionnaliser leurs systèmes d'information et d'analyse, à augmenter leur discernement, à définir leurs priorités, à préciser leur processus de décision, à mettre en place leurs instruments de mesure et à assurer leur suivi *en parité,* comme au sein de l'organisation environnante.

Lors de cette phase souvent caractérisée par une abondance d'échange d'information au cours de réunions aussi longues qu'elles sont nombreuses et ennuyeuses, un coaching en équipe se devra d'être centré sur le développement et l'appropriation de véritables techniques de *dialogue.* Ce travail *inter*personnel au sein du collectif permettra au système-projet de se « consolider » beaucoup plus rapidement.

---

1. C'est là qu'ils parleront d'une stratégie de « diviser pour régner ».

Le temps

Lors de la phase de Consolidation d'un système-projet, le « manque » de temps et l'impression de son accélération provoque beaucoup plus de stress. En effet, le temps de la mise en œuvre « compétitive » est arrivé et il devient nécessaire de fournir des résultats dans des délais précis, souvent limités, tout en améliorant les processus de travail et ce dans une complexité croissante. De plus, un environnement beaucoup plus compétitif entraîne une gestion du temps plus contrôlé, linéaire et morcelé qui rappelle souvent l'héritage propre au taylorisme mécaniste et industriel.

Le temps devient une ressource rare. On « court après », on le « gagne » ou on le « perd », on cherche à le contrôler, à mieux le gérer. Outlook et les « assistants personnels », héritiers du Planorga et autres Filotex, matérialisent la course au temps devenu indisponible et la valse des agendas. La prédominance de ces outils révèle que la bonne gestion du temps devient une préoccupation centrale et rarement résolue dans l'esprit des participants et au sein des équipes impliquées dans l'accompagnement de systèmes-projets en phase de Consolidation. Ce problème est généralement perçu comme relevant du domaine *personnel*, alors que bien évidemment la solution est plus souvent du domaine *collectif*.

C'est le temps « mono-chronique »[1] géré à la façon de la matière ou de l'argent. Chaque minute « dépensée » est évaluée pour mesurer son lot de succès ou de revers immédiats dans une lutte pour devenir encore plus performant à court terme. C'est la préoccupation du « sprinter » du cent mètres qui lutte pour gagner sa course contre la montre, sinon contre celle de son « concurrent »[2].

© Éditions d'Organisation

---

1. Terme inventé par Edward T. Hall, *La danse de la vie*.
2. Étymologiquement « courir ensemble ».

49

La fonction Informative favorise donc la mise en œuvre de nombreux instruments de mesure *partagés* centrés sur les résultats et les délais, sur un suivi rigoureux dans le temps, sur des indicateurs *immédiats et synthétiques* qui permettent l'analyse et le discernement. Elle permet la mise en place de nombreuses interfaces d'information et d'ajustement qui idéalement tiennent véritablement compte des besoins de l'environnement interne et externe.

Lors de la phase de Consolidation, le rôle d'un coach consiste à accompagner le client dans sa recherche et mise en œuvre d'outils essentiellement méthodologiques, *simples* et efficaces (attention à la tentation de faire « compliqué »). Il accompagne aussi les préoccupations du client centré sur l'influence de l'environnement (veille de la concurrence) comme sur la prise de décisions à même d'assurer le bon développement et la bonne croissance organique du système-projet.

Confronté à un client trop cartésien ou contrôlant, accroché à des approches méthodologiques trop compliquées, pointilleuses ou restrictives, le leader ou le coach peut quelquefois aider à insuffler un esprit créatif, un peu de « fun », de surprise et encourager les « permissions » afin de permettre une plus grande ouverture et créativité appliquée.

Il peut également aider un système-projet excessivement « compétitif » ou défensif à relativiser sa pensée trop territoriale, uniquement centrée sur l'autocontrôle, sur la réaction à l'environnement ou sur la surveillance de toutes les initiatives des concurrents.

Un cas « d'interfaces »

Pour illustrer le type de préoccupations propres à la phase de Consolidation et à la transition utile vers une dynamique de Maturité, nous vous proposons un cas qui concerne l'accompagnement de l'équipe de direction d'une entreprise industrielle européenne.

Plus précisément, la demande initiale se situe au niveau du comité de direction d'un groupe d'entreprises.

Cette direction encadre la fabrication et la distribution d'un grand nombre de produits de grande consommation, managés au sein de branches relativement autonomes dont chacune est structurée comme une entreprise presque indépendante.

Au sein de ce comité de direction « groupe », les différents responsables de branches trouvent peu de thèmes pour mettre leur travail en commun. Ils rechignent donc à « perdre » trop de temps en réunions communes, considérant qu'ils ont suffisamment à faire chacun de leur côté. Seuls les responsables des ressources humaines, de la comptabilité-finance et du service informatique apportent à cette équipe une énergie qui permet de développer quelques interfaces transversales utiles. Hors de ces domaines, les directeurs opérationnels trouvent peu de raisons de véritablement échanger quoi que ce soit sur leur activité opérationnelle.

Le directeur général de l'ensemble et le directeur des ressources humaines sont convaincus qu'il est utile, voire indispensable de changer la « culture » de management de leur entreprise, sentant confusément qu'ils sont arrivés, et depuis longtemps, à un « seuil » qui les empêche de progresser. Ils perçoivent nettement que tout le monde travaille chacun dans son « silo », et n'échange que trop peu avec ses voisins.

Ils décident donc d'entamer un cycle de coaching d'équipe dont la date de démarrage est fixée à un horizon de six mois, afin de trouver une place dans les agendas très remplis des uns et des autres.

Au cours du processus de coaching, les dirigeants de cette entreprise apprennent à mieux se connaître, s'apprécier et se respecter. Un premier travail d'auto-diagnostic « accompagné » permet aussi au groupe de faire un certain nombre de constats. Premièrement, la même culture d'évitement qui empêche ce groupe de trouver des thèmes de travail en commun et transversaux existe au sein de chacune des entreprises subalternes et, *a priori*, au sein de tous les départements qui les composent.

Ils prennent conscience que leurs comportements individualistes et leur structure « en silos » sont bien reproduits ou délégués, et concernent l'ensemble des niveaux subalternes. Ils constatent rapidement que s'ils n'insufflent pas, et pour commencer *à leur propre niveau*, une autre façon de travailler *ensemble*, le reste de l'organisation ne suivra probablement pas, et que l'organisation ne progressera pas plus dans l'avenir.

Le diagnostic partagé révèle que l'intuition initialement formulée par le patron et son directeur de relations sociales est en fait partagée par le comité de direction : « l'évolution d'entreprise est dans une impasse ».

Deuxièmement, ils constatent que même lorsqu'il s'agit de projets *a priori* transversaux qui concernent les ressources humaines ou la mise en place de systèmes informatiques, les décisions de « groupe » ne sont pas suivies ou peu appliquées, généralement de façon « poussive » et dans des délais extrêmement longs. Les équipes subalternes sentent bien que ces décisions apparemment « collectives » ne sont pas considérées comme prioritaires ni même importantes. C'est l'opérationnel « en silo » qui est au centre des préoccupations.

La seule chose qui compte, ce sont les résultats opérationnels de chacun négociés et suivis en tête-à-tête avec le leader, et jamais « travaillés » par l'équipe dans son ensemble.

Le comité de direction décide alors d'élargir son champ de compétences pour inclure plus de contenu opérationnel, pour accorder plus de temps à ces réunions de « groupe », pour se réunir plus régulièrement et sans exception, même en l'absence du PDG. Ils décident de mieux suivre les décisions collectives en les rendant plus mesurables et contractuelles avec des délais précis, et de démultiplier la démarche de coaching d'équipes au sein des systèmes immédiatement subalternes pour y développer plus d'opportunités de travail transversal entre les départements.

Peu à peu une nouvelle culture de travail en équipe prend forme au sein des réunions, et elle est démultipliée dans toute l'entreprise. De nombreux « groupes-projets » centrés sur des objectifs transversaux voient le jour, et ces nouveaux projets initiés par la direction générale et beaucoup plus opérationnels sont suivis jusqu'à la mesure de leurs résultats.

Au-delà d'une culture différente, cette dynamique transversale permet de découvrir de nombreux gisements d'efficacité, de productivité, de créativité et de développement dans l'espace *interentreprises* et, souvent, de les exploiter avec très peu de moyens supplémentaires.

Sur les deux ans qui suivent la première réunion de coaching d'équipes, les nombreux résultats concrets ont une influence certaine dans l'amélioration de la motivation individuelle comme de l'ambiance générale au sein de l'ensemble de l'entreprise.

Le coaching d'équipes a permis à cette entreprise de préparer la mise en œuvre des compétences collectives propres à une période de Maturation (Participative) à un moment où ses processus internes et externes la *fixaient* dans une dynamique de Consolidation (Informative) relativement individualiste et défensive, centrée sur la satisfaction du patron. Cela a permis aussi d'assurer le développement de résultats plus systémiques et immédiats, au sein des interfaces *opérationnelles* transversales qu'ils n'arrivaient pas à établir.

Cet exemple illustre une transition difficile à effectuer pour certaines entreprises de production bloquées quelque part entre l'étape de Conception relativement individualiste et celle de Consolidation où les interfaces opérationnelles plus efficaces doivent se développer *entre pairs* au sein de chaque équipe. En accompagnant la direction générale vers la mise en œuvre de méthodes de travail plus transversales et *en équipe*, le coach lui a permis d'avancer plus rapidement vers un début de Maturité trop longtemps attendue.

Si la dynamique d'accompagnement concernait d'abord l'équipe de direction en tant que système, il est utile de rappeler qu'elle a eu une énorme influence sur la manière dont chacun de ses membres a changé son management au sein de son système subalterne. Cette « cascade » de changements de comportements a permis une transformation de l'entreprise dans son ensemble, relativement rapidement (deux ans).

Plus important, ce changement au sein de l'ensemble de l'entreprise allait dans la même direction pendant la même période. Le résultat a fait que l'ensemble du personnel a commencé à percevoir que l'équipe de direction avait, malgré tout, une vision et une stratégie *communes*.

Cette illustration d'un accompagnement qui a aidé un système-client à mieux assumer sa phase de Consolidation et mieux préparer une transition plus « naturelle » vers sa période de Maturité lui a permis de considérer les caractéristiques distinctes de cette troisième étape d'évolution.

© Éditions d'Organisation

53

Stratégies d'accompagnement

Comme lors des autres phases, les personnes et équipes en période de Consolidation demandent souvent à leur coach ou autre ressource externe de les aider à se développer tout en essayant d'imposer un cadre de référence restreint, caractéristique de leur état d'esprit.

Invariablement, leur première option sera par exemple d'affirmer ne pas pouvoir trouver le temps nécessaire pour faire la démarche pour laquelle ils affirment être prêts à payer. Ils sont d'accord pour tout, tant que cela ne change rien à leurs habitudes en terme de gestion du temps. Ils « étudieront la question » longuement et fixeront le démarrage de la démarche à un horizon lointain qui engage peu tout de suite, puis seront fortement tentés de la reporter pour des raisons de disponibilité.

Ils voudront préalablement tout savoir de tous les détails techniques du contenu de la démarche proposée afin de pouvoir juger de la compétence du coach et négocier de façon opiniâtre tous les changements qu'ils considèrent comme indispensables. En général, il faut impérativement que la démarche proposée « colle » à leur réalité quotidienne, et donc à leur cadre de référence avant de l'envisager. Ils considèrent souvent qu'ils sont les mieux placés pour déterminer leur propre façon d'évoluer, et paradoxalement ils n'y arrivent pas souvent.

Ils s'attendent aussi à de nombreuses et longues études préliminaires grâce auxquelles chacun pourra être interviewé pour donner un avis circonstancié. Ensuite ils mettront en doute la pertinence de l'étude, argumenteront sur des détails peu signifiants, puis douteront de la pertinence des conclusions qu'ils « connaissaient déjà ».

Leur **demande** est souvent centrée sur des domaines qui permettent d'améliorer leur « contrôle », comme la gestion du temps, les systèmes d'évaluation du personnel, les techniques de négociation, le contrôle de gestion, tous les domaines qu'ils maîtrisent par nature. Cela leur permet ensuite de dire au consultant qu'ils sont déjà bien plus avancés dans ces domaines et que les spécialistes ne peuvent rien leur apporter de nouveau.

Ils demandent aussi des « petites recettes rapides » sans réaliser qu'ils ont besoin d'un travail en profondeur pour développer leur capacité d'évoluer, leur compétence de management de transitions et celle de réel « travail en équipe ». À ce sujet, ils argumentent avec conviction qu'ils n'ont pas de réels sujets de travail en équipe et que donc le problème ne se pose pas. Leurs enjeux résident en effet dans un changement de leur attitude focalisée sur la compétition, le contrôle, la critique, voire leur condescendance, plutôt que dans l'acquisition facile de « recettes », de « ficelles » et autres outils superficiels.

Les enjeux

Comme pour les autres étapes d'évolution de systèmes-projets les vrais enjeux d'équipes et d'entreprises en phase de « Consolidation » se situent hors de leur champ de conscience habituel. Ils ne perçoivent pas que les demandes et les attitudes recensées ci-dessus peuvent en fait n'être que des stratégies de protection personnelle et de résistance collective au changement. Or en période de Consolidation il est souvent utile de préparer activement la phase suivante, celle de Maturité.

Ces équipes ont surtout besoin de méthodes d'accompagnement et de coachs créatifs qui utilisent des approches qu'elles ne connaissent pas et qu'aucun des membres ne pourra contrôler. Ces approches devraient surtout reposer sur l'ouverture ou le changement de leur cadre de référence. Bien entendu, un travail pour développer des comportements réellement collectifs afin d'activer plus de collaboration interpersonnelle et transversale et moins de compétition les aidera à passer le cap.

Il est aussi utile d'aider ces équipes à se centrer sur une prise de risque centrée sur des *objectifs* et des *résultats* concrets et mesurables plutôt que sur leur habituel et pointilleux *contrôle de moyens* plutôt étriqué. Il est important pour le coach ou le consultant de limiter le temps de théorie et de discussion concernant des demandes d'explications et autres offres de justifications. Il s'agit d'aider à discuter beaucoup moins, et à *décider* beaucoup

55

plus et à *faire tout de suite*. Dans cette perspective, un coaching d'équipe est souvent très utile.

Les systèmes-projets collectifs en phase de Consolidation ont souvent besoin de développer des méthodes de travail interactives et *dans l'émergence*, en phase avec « l'ici et maintenant » sur des projets concrets, plutôt que de planifier dans la douleur des plans linéaires méticuleux pour ensuite les dérouler de manière déconnectée du réel. Dans ce cadre, ils peuvent également apprendre à travailler leur créativité collective *pratique et appliquée* pour développer en équipe des relations plus réactives et moins compétitives.

Le cas échéant, les membres de l'équipe de systèmes-projets en phase de Consolidation ont besoin de travailler plus les uns *avec* les autres de façon transversale *sans* leur leader, plutôt que de s'efforcer chacun à attirer l'attention de ce dernier par des prouesses individuelles et souvent inutilement lourdes, coûteuses et compliquées.

CHAPITRE 3

La phase de Maturité

La troisième phase d'évolution d'un système-projet, celle de « Maturité », est détaillée ci-dessous. Quelques réflexions sont proposées sur le type d'accompagnement que pourrait mettre en œuvre un leader ou proposer un coach lors de l'accompagnement de personnes ou d'équipes pendant cette phase. Un cas illustre ensuite quelques difficultés qui peuvent apparaître lors de celle-ci pour préparer la transition vers la phase suivante, celle de Distanciation présentée à son tour au sein du chapitre suivant.

La dynamique de Maturité

La phase de Maturité suit et repose sur les deux précédentes. Attention, la qualité de cette étape dépend presque entièrement de la façon dont les précédentes ont été assumées. Suite à une bonne base contractuelle élaborée en phase de « Conception » pour *bien* définir un système-projet, puis une Consolidation centrée sur le développement d'interfaces efficaces et bien « instruites », celui-ci commence à être perçu comme « viable », en tous les cas dans ses dimensions opérationnelle et technique.

Si les acteurs souhaitent assurer la pérennité du système-projet, cela suppose que les deux premières phases aient complètement réussi à remplir leur fonction et que leurs apports soient bien ancrés dans l'ensemble des processus opérationnels.

LA FONCTION PARTICIPATIVE EN ACCOMPAGNEMENT DE PROJET

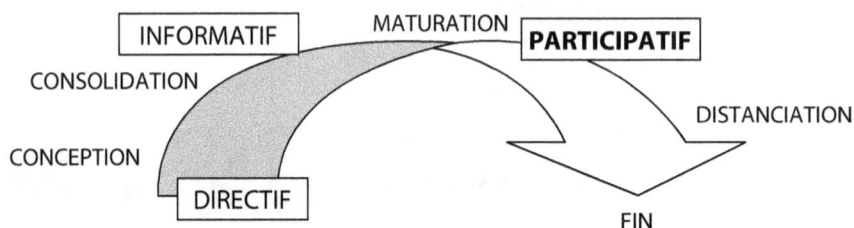

La période de Maturité qui suit est souvent considérée comme plus « politique ». Les relations ne s'établissent plus dans un rapport de force marqué par des oppositions et du contrôle comme lors de la phase de Consolidation, mais plutôt dans la *séduction et le lien*. De ce fait, cette phase s'illustre essentiellement par l'apparition de jeux de coalition, par la constitution de réseaux d'influences, par l'existence plus ou moins officieuse de partenariats, voire de clans, puis par l'apparition d'un réel travail *d'équipe*, au sens presque tribal du terme, par l'établissement de relations solides et durables, par la création de liens d'amitié à long terme.

Au gré des intérêts des uns et des autres, ces relations et réseaux d'influences sont stables, ou en évolution continuelle. Ils peuvent être durables et ainsi assurer une solidité à toute épreuve comme ils peuvent se modifier au sein d'une suite d'équilibres relationnels quelquefois secrets, quelquefois instables, mais souvent perçus comme utiles pour les personnes et groupes concernés.

La dynamique relationnelle et *moins opérationnelle*, caractéristique de cette phase « de Maturité », peut être claire et transparente ou alors paraître beaucoup plus subtile, indirecte, séductrice, politique et diplomatique que lors des phases qui ont permis son avènement.

Dans un premier temps, cette phase peut comporter de nombreuses difficultés inhérentes aux différents jeux « d'image » et de relations, de diplomatie, de politique, de cercles ou réseaux d'influence et de manipulation. En effet, la complexité des relations humaines induit inévitablement ce type de difficultés, surtout lorsque les enjeux individuels et collectifs sont perçus par les nombreux partenaires réels ou potentiels comme importants, voire vitaux pour leurs intérêts personnels ou « claniques ».

Le rôle du coach lors de cette phase consiste souvent à accompagner le client individuel ou collectif dans sa recherche d'équilibres au sein d'une multiplicité de liens : liens affectifs, de fidélité, plus ou moins croisés, et de relations stratégiques plus ou moins transparentes, enchevêtrements politiques et diplomatiques, et réseaux d'influences plus ou moins puissants et quelquefois secrets.

Il est alors très utile de rappeler régulièrement aux personnes ou à l'équipe-projet en question l'importance des intérêts collectifs et de la dimension matérielle et opérationnelle de sa réussite. En effet, dès que surgissent les enjeux personnels, de nombreuses personnes ont tendance à oublier la nécessaire prédominance de l'intérêt commun.

Lors de cette phase, une nouvelle dimension « affective » prend également une certaine importance et peut s'afficher plus ouvertement. Autant les amitiés peuvent devenir solides et s'affirmer, autant certaines émotions telles la jalousie, la recherche du confort ou du plaisir, la tristesse et la colère peuvent se manifester et jouer un rôle limitant au sein de divers jeux d'influence interpersonnels et de chantages affectifs ou de manipulation.

Pour le client individuel ou collectif, se situer et évoluer lors de cette phase est d'autant plus subtil à faire qu'il ne doit pas perdre de vue son identité fondamentale, son éthique personnelle, les intérêts des uns et des autres ainsi que l'horizon de son projet à long terme. Lors de cette phase, la dimension politique devient tellement centrale que les acteurs peuvent souvent en oublier leurs objectifs de croissance ou de développement. Dans ce cas, l'évolution positive du système-projet pourrait se trouver rapidement limitée, sinon compromise.

Les interfaces

Lors de la troisième phase Participative, les interfaces sont plus « relationnelles », dans un sens plus affectif et social marqué par un style de « relations publiques ». En revanche, ces interfaces sont aussi souvent plus proches de la notion de « dialogue », de « partage », de « confidences » et « d'échanges » que de collaboration uniquement centrée sur une tâche commune ou sur l'atteinte d'un objectif technique. Pour le groupe ou l'équipe, cette phase sert surtout à développer les « liens » relationnels au sein du collectif concerné par le projet, et avec son environnement. Peu à peu, elle permet le développement d'une véritable identité sociale collective.

Cette phase suit les précédentes avec l'apparition pour la première fois de la prédominance de la dynamique de relations en *groupe*. Dans sa dimension positive, celle-ci a pour objet de permettre le développement d'une identité collective, au sens plus tribal, voire familial de l'engagement social et humain au sein du système-projet et avec son environnement. Il subsiste néanmoins le risque d'un fonctionnement en vase clos aux dépens des relations avec « les autres » représentés par l'environnement extérieur.

Avec les préoccupations affectives et relationnelles apparaissent plus souvent qu'auparavant des clans et sous-clans, des réseaux d'influences internes et externes, des coalitions et oppositions d'intérêts personnels, des manifestations individuelles et collectives d'engagement et de désengagement, marquées par de nombreuses expressions d'émotions comme la colère, la joie, la tristesse, la déception.

Dans un premier temps peuvent se créer des processus répétitifs sous la forme de luttes d'influences, plus ou moins paralysants, qui se structurent autour des stratégies menées par quelques « barons » historiques dominants qui cherchent à user de leurs positions centrales pour mener le groupe, développer leur assise, augmenter leurs avantages personnels ou la prédominance de leur clan.

Dans un deuxième temps, lorsque ces luttes d'influences s'apaisent pour faire place à plus de réelle participation collective, il peut en résulter une dynamique qui intègre et implique un plus grand nombre de membres de l'équipe, qui de ce fait deviennent plus influents.

Pour le système-projet concerné, cette période est quelquefois marquée par une phase de recherche de confort ou de « cocooning », rendue manifeste par l'installation d'habitudes, d'us et de coutumes identitaires et conservatrices, pas toujours cohérente avec l'objectif d'efficacité de l'ensemble et le développement de résultats opérationnels et financiers à long terme.

Les interfaces lors de cette phase sont donc plus « sociales » et plus centrées sur des préoccupations d'intérêt personnel ou de sous-groupes, ou encore d'image collective. Quelquefois ces systèmes-projets établissent des partenariats avec d'autres systèmes-projets suffisamment identiques plutôt que complémentaires, ou des coalitions avec des réseaux d'influence à même de soutenir leur projet, soit tout simplement à même d'entretenir des relations bénéfiques en termes d'image.

Les compétences

De fait, *dans tous les cas et en apparence*, cette troisième phase ne nécessite plus d'investir lourdement dans le développement de compétences dans le sens technique du terme. Celles-ci sont considérées comme acquises par les systèmes-projets en phase de Maturité. L'acquisition de ces compétences n'est plus au centre de leurs enjeux comme lors des périodes de Conception et de Consolidation. Bien souvent, les nombreuses demandes de moyens sont en réalité beaucoup plus centrées sur *des éléments de plaisir et de confort* au bénéfice des membres de l'équipe.

Les problèmes d'interfaces et autres difficultés dues aux limites de compétences personnelles et interpersonnelles sont *a priori* déjà résolus ou, au minimum, les solutions sont définies et mises en œuvre. Dans ses dimensions techniques, le système-projet est donc lancé, voire bien installé dans son développement et peut assurer sa pérennité.

La motivation

En revanche, dès lors que cette base technique est perçue comme installée, toute une série de revendications liées à la motivation semblent faire surface. C'est comme si pour chacun ou pour l'ensemble, les enjeux de reconnaissance pouvaient enfin se manifester avec comme motivation le souci de pouvoir enfin s'attribuer une part du « butin » ou de la paternité des résultats opérationnels enfin assurés.

Lors de cette phase de système-projet, peuvent donc apparaître toutes formes de revendications formulées autour de problèmes de « motivation ». Si les acteurs perçoivent une injustice ou si des jalousies se développent, ces revendications peuvent prendre une place très importante au centre des préoccupations de l'équipe. Dès qu'il s'agit de se centrer sur les résultats, les processus interactifs détournent le débat collectif sur l'acquisition ou l'attribution de moyens supplémentaires qui, en fait, servirait à augmenter la reconnaissance attribuée aux personnes et équipes et, si possible, mieux assurer leur confort.

Quelquefois, il semblerait plus juste de dire que cette phase est plutôt politique dans la mesure ou, en faisant valoir des problèmes « de motivation », les protagonistes et groupes d'intérêts expriment plutôt leur besoin de reconnaissance. Ils font valoir l'importance du « juste retour » des choses qui devrait enfin satisfaire leurs besoins personnels et collectifs.

Au niveau individuel, cela peut aller jusqu'au droit de s'approprier la paternité au moins d'une partie du système-projet et donc de « se servir » sur les excédents, les résultats ou les bénéfices concrets ou émotionnels qu'il permet de réaliser.

Chacun considère presque que puisqu'il a participé à la réussite opérationnelle du système-projet, au moins une partie de ses résultats lui appartient de droit, à titre personnel. Cette phase est donc celle où semble apparaître le plus « d'abus de bien sociaux » plus ou moins officiels et de détournement de fonds publics, à tous les niveaux du système. Souvent cela peut comprendre de nombreuses stratégies individuelles, sinon égoïstes,

d'avancement de carrière à partir de positionnements stratégiques ou grâce au soutien intéressé de réseaux « politiques ».

C'est pourquoi cette période semble être caractérisée par un
« oubli » des préoccupations strictement centrés sur des résultats et des problèmes de compétences techniques, de fait considérées comme acquises.

Le temps

La troisième étape dite « de Maturité » peut aussi révéler une
perception du temps très différente des précédentes. Celui-ci
est plus souvent « partagé », « donné » ou « accordé ». Il s'inscrit
dans une gestion plus « participative » et sociale dans la mesure
où il sert surtout *à être* en relation plutôt qu'à *faire* de façon
plus efficace. Ce temps s'inscrit dans une dynamique beaucoup
plus « extravertie » où chacun croit surtout à l'image qui lui est
renvoyée par les autres, et cherche à l'influencer, la manipuler
ou encore à la développer.

Ce temps d'extraversion est un temps de disponibilité, d'écoute et
de partage dans lequel l'attention est surtout donnée à l'autre et à
son regard, à ses besoins et à ses préoccupations, quelquefois surtout pour avoir l'opportunité d'exprimer les siens. L'avancement
d'un système-projet lors de cette phase ne dépend donc plus
tellement de paramètres techniques mais plus de liens et soutiens
relationnels au sein d'une collaboration plus « consensuelle » avec
des partenaires qui se veulent (affectivement) engagés.

Comme ce temps est social, il n'est pas centré sur la *tâche* à
accomplir, en tous les cas pas directement. Il est plutôt considéré comme utile pour faire avancer des préoccupations relationnelles. *Techniquement* parlant, toutes ces préoccupations
sociales ne sont ni urgentes, ni importantes.

Pour obtenir l'engagement de tous lors de cette phase, il est
nécessaire « d'accorder » plus de temps, donc de reconnaissance individuelle et collective aux personnes que l'on veut
intéresser. Par conséquent, en période de Maturité, le temps

63

devient plus « mou » ou plus souple. On « ne le compte plus » de la même façon. À la façon d'un diplomate, il est très utile d'en avoir et de savoir le partager plutôt que d'en « manquer », de « courir après », ou encore de « se le réserver ».

Lors de cette phase, le rôle du leader et du coach peut devenir plus proche de celui de « confident » auquel les différents membres de l'équipe cliente racontent ou « ressassent » les divers jeux qui animent leur périmètre social.

Attention, quelquefois le coach aussi peut être perçu par le système-client comme un acteur important dans ces jeux de relations. Dans ce cas, le coach sera « utilisé » par les uns et les autres pour paraître ou pour influencer, ou il peut être « évincé » pour des raisons « d'incompatibilités » personnelles ou en raison de stratégies de clans professionnels.

Lors d'une phase Maturité, le rôle d'accompagnement du leader ou du coach est de fait beaucoup plus diplomatique. Il peut consister à aider le système-projet à voir « plus clair » au sein de ses relations et dans la multiplicité de ses enjeux. Il peut aussi aider à redéfinir les politiques et stratégies, à limiter les nombreuses impasses déontologiques et autres compromissions, et quelquefois à assumer les trahisons et déceptions.

Un cas de « départ »

Cette situation concerne le départ annoncé du leader historique et charismatique d'une filiale américaine d'un grand groupe international. Après une vingtaine d'années d'investissement personnel et inconditionnel, le patron de cet ensemble performant prépare son équipe à assumer tant bien que mal une transition majeure auquel rien ne les avait historiquement préparés.

Sur les deux dernières décades de sa carrière, le patron historique a développé cette organisation à partir de pratiquement rien, recruté et formé tous les collaborateurs proches, ouvert de nombreuses nouvelles unités et défini et mis en œuvre une stratégie exceptionnelle de réussite et de développement. Avec l'aide de nombreux collaborateurs « locaux », il a ainsi assuré la performance et la pérennité de l'entreprise. Le moins que l'on puisse dire est que sa carrière finissait en beauté et que sa retraite était bien méritée.

Le processus de coaching d'équipe concerne donc ce départ prévu et annoncée un an à l'avance. Les multiples enjeux qui s'y rattachent sont à la fois immédiatement opérationnels et stratégiques, personnels et professionnels, individuels et collectifs, quelquefois techniques, mais surtout émotionnels.

Très rapidement, au démarrage de la première séance de coaching, l'équipe, et surtout deux de ses membres influents et historiques dirigent le travail collectif sur la question de la transmission du leadership de l'organisation, afin de déterminer chacun à son profit le bénéficiaire principal de « l'héritage » organisationnel.

Ils manifestent qu'il est très important pour eux de préciser le plus vite possible le futur responsable de l'organisation, ceci, disent-ils, afin d'éviter le flou qui pourrait démotiver les troupes, l'incertitude quant à la structure hiérarchique ultérieure, les possibilités d'intrigues de palais, les « jeux de pouvoir » fratricides.

Dès que ce travail est amorcé par l'équipe, il devient évident que le leader prend de plus en plus de champ. Il manifeste de réelles difficultés à se positionner et semble se sentir de plus en plus mal à l'aise. De toute évidence, en lui demandant d'en choisir un parmi eux, l'équipe pose comme acquis qu'il n'est pas question d'envisager une personne venant de l'extérieur. Même si en apparence les critères de choix sont posés en termes de compétences, ce sont plutôt des critères résolument relationnels qui guident la réflexion et animent les débats. En somme, la question affective inconsciemment posée par l'équipe se réduit à « Papa, choisis parmi nous celui que tu préfères ».

Implicitement, le contexte imposé exclut de fait la possibilité du choix d'une personne externe à la « famille » entièrement présente.

Qui plus est, et alors même que le leader est sur le point de se désengager, l'équipe lui demande de prendre une décision stratégique et difficile, qui influencera l'avenir de l'organisation, en se reposant sur des critères relationnels. Or si le leader est sur le point de partir, intérieurement, il est déjà ailleurs.

Au fur et à mesure du travail de coaching, les membres de l'équipe prennent conscience que leur démarche consiste à vouloir se départager l'héritage ou « les dépouilles » d'un empire qu'ils avaient participé à édifier alors même que leur leader n'est pas encore parti.

65

Il leur devient apparent que chacun cherche à obtenir la reconnaissance de sa contribution personnelle comme supérieure à celle de son voisin.

De fait, sous couvert d'assurer l'avenir, la situation révèle la somme des compétitions internes, des ambitions personnelles et des jalousies, toutes tenues jusque-là sous contrôle par la présence imposante du patron incontesté. Ces rivalités sont de mauvais augure pour l'avenir de l'équipe. Elles laissent présager de nombreuses intrigues, voire des conflits dès le départ du « père » fondateur.

Lors du travail, l'équipe se rend enfin compte que la responsabilité de nommer un successeur n'incombe pas au dirigeant actuel, comme au sein d'une royauté, mais qu'elle revient à l'organisation supérieure qui l'avait désigné et soutenu à l'origine. Peut-être même que sans qu'ils le sachent, un successeur était déjà désigné par le siège.

En effet, dans la mesure où le patron part, la responsabilité de désigner son remplaçant ne le concerne pas plus que son équipe, mais concerne plutôt leur hiérarchie supérieure. C'est à elle de trouver puis de nommer un successeur et ensuite aux membres de l'équipe d'apprendre à l'accepter.

Après une prise de conscience de la « double contrainte » qu'ils tentent d'imposer à leur patron, l'équipe recentre ses efforts sur la clarification des champs de responsabilité et des priorités des uns et des autres pour mieux gérer la période transitoire, et surtout pour bien se préparer à accueillir leur nouveau patron.

Pour avancer de façon efficace, ce travail est effectué en réunion d'équipe, *mais en l'absence du patron et du coach* pour actualiser le fait indéniable que cette transition ne le concerne pas et que l'équipe doit se mettre face à ses propres responsabilités si elle veut réussir dans l'avenir.

Il en résulte que tous les membres se centrent sur leur objectif de travail en pleine responsabilité collective, et se soudent un peu plus dans un travail centré sur leur avenir incertain.

Cette prise de conscience permet à l'équipe de mieux se centrer sur la meilleure façon opérationnelle d'accompagner son sentiment « d'abandon » provoqué par le départ de son leader, et de se préparer collectivement à faire face à un autre avenir, quel qu'il soit, sans tenter de le précipiter ni de le manipuler à l'avantage de l'un ou de l'autre de ses membres.

Lors de cette transition, le rôle du coach consista à accompagner le patron et l'équipe dans une double transition. Il semble évident que l'équipe était plutôt en phase de Maturité, et plutôt marquée par l'existence de clans, d'intrigues internes, de besoins de reconnaissance, de manipulations collectives, de sentiments d'injustice et de jalousies. Cette dynamique Participative négative semblait être portée par certains membres pour refuser l'imminence du changement radical de direction qui allait tout changer.

L'enjeu de l'équipe était de dépasser les envies personnelles et les sentiments des uns et des autres pour développer une réelle approche collective, *ni focalisée sur le patron en partance ni manipulée par les autres « barons » historiques*. Il s'agissait pour tous d'arriver à véritablement se souder et se centrer de façon efficace sur leur avenir en l'absence de leur patron, et sans encore connaître leur remplaçant.

De son côté, le patron était déjà engagé dans sa propre phase de Distanciation plutôt caractérisée par une prise de recul, une baisse d'intérêt, un comportement de Délégation. Le fait que les membres de l'équipe lui demandent de désigner son successeur tout en lui rendant la tâche difficile était très paradoxalement une tentative de le garder au centre du système relationnel et de le rendre responsable de l'avenir, alors même qu'à titre personnel, il était déjà relativement désengagé.

Ce cas illustre les chevauchements qui peuvent apparaître entre la phase d'évolution d'un système-projet collectif et le vécu relativement différent que peut ressentir l'un ou l'autre de ses membres. Dans notre cas, si à titre collectif l'équipe manifeste de nombreux indicateurs d'une phase de Maturité encore sous l'influence de tiraillements affectifs interpersonnels, cela ne présage aucunement que tous les membres en sont à cette même étape à titre individuel.

Ce cas peut donc souligner la différence importante entre une trajectoire collective d'équipe et les trajectoires personnelles que peut vivre chacun de ses membres, d'une part, et la complémentarité quelquefois utile entre un coaching d'équipe centré sur le collectif alors que certains membres pourraient bénéficier de démarches d'accompagnement individuel, d'autre part.

67

Stratégies d'accompagnement

Comme lors des phases précédentes, les personnes et organisations en phase de Maturité *demandent* à une ressource extérieure de les aider à se développer tout en imposant le cadre de référence caractéristique de la période qu'ils vivent. Dans ce cas, il s'agit d'un cadre de référence fortement marqué par une dynamique sociale, relationnelle et affective.

Par exemple, les personnes et systèmes en phase de Maturité attendent souvent de la part de leurs coachs et consultants à la fois une validation de leur façon d'être, des renforcements positifs et des encouragements, et en même temps une implication personnelle dans leurs jeux politiques et sociaux. À leurs yeux, il faut d'abord s'engager dans leur environnement politique et clairement afficher que l'on choisit leur camp pour avoir le droit de devenir leur coach.

Ils choisiront de préférence des coachs et consultants prioritairement empathiques et relationnels qu'ils qualifieront de « positifs » plutôt que de chercher des coachs qui sauront également faire preuve de rigueur ou d'exigence mais qualifiés quelquefois de « durs » ou « directifs ». Fondamentalement, ils ne souhaitent pas vraiment se voir proposer des défis ou des « challenges » qui pourraient les aider à sortir de leur approche relationnelle ni de leur équilibre social relativement confortable.

Lors du contrat initial, les systèmes-projets en phase de Maturité ne se fixent que rarement des objectifs de type « challenges » mesurables, en termes de production, de qualité, ou financiers. Il s'agira plutôt « d'améliorer les relations », de développer l'ambiance, d'accroître la motivation ou d'asseoir la confiance, ou d'autres objectifs vagues et généraux, plus ou moins affectifs, sinon subjectifs.

Cette phase de système-projet est plus sujette à suivre des modes (comme le coaching) et à utiliser les expressions et phrases « au goût du jour », en passant par des discours sur l'importance de « l'empowerment » et de la « subsidiarité », généralement au sein d'approches participatives et « consensuelles », sans toutefois insister sur les moyens de mesurer les résultats opérationnels attendus en fonction d'objectifs précis.

Le cas échéant, une demande de démarche collective peut inclure de nombreuses exigences de confort : il faut travailler à l'extérieur de l'organisation, en résidentiel, avec une bonne table, dans un cadre agréable, tous frais payés, dans un lieu et à un moment propice aux loisirs, sans trop se soucier du budget ou des périodes de pointe propres à l'activité. Pour ces équipes, les opérations de coaching, de conseil ou de formation font partie intégrante d'une démarche relationnelle de « motivation » plutôt que professionnelle, de « travail ».

Leur demande exprimée est souvent centrée sur une approche sociale et collective et à partir d'une évaluation subjective des besoins exprimés par « le groupe » indéfini. Lors de cette phase, les systèmes-projet ne demandent pas la mise en place d'outils de mesure *individuels* qui permettent de repérer des performances *personnelles* pour ensuite les reconnaître par quelques récompenses *personnalisées*. L'individualisme affiché n'y a pas de place et les réussites personnelles sont perçues comme créatrices de trop de rivalités et de jalousies. En effet, ces dernières sont presque toujours ignorées ou dévaluées au profit du bien-être collectif.

Les enjeux

Comme lors des autres phases d'évolution de systèmes-projets, les vrais enjeux en période de Maturité sont en dehors du cadre de référence des personnes et des équipes concernées, et souvent éloignés des « besoins » exprimés mentionnés ci-dessus. Ceux-ci peuvent souvent apparaître comme synonymes d'autant de stratégies de résistance au changement.

En équipe, les systèmes-projets en phase de Maturité ont plutôt besoin d'accepter plus de différenciation entre les personnes, quelquefois de plus d'individualisme et de plus d'outils de mesure personnalisés pour distinguer ceux qui sont « bons » de ceux qui ont des résultats moyens ou qui ont besoin de plus de soutien ou d'encadrement. À cette fin et dans un premier temps, les individus qui en font partie ont besoin de travailler plus souvent seuls ou en sous-groupes de deux ou trois et beaucoup moins souvent en grand groupe, en incluant « tout le monde ».

Ils ont également besoin *collectivement* de développer et de suivre plusieurs systèmes de mesure qui permettent d'évaluer et de publier chaque jour les résultats individuels de chaque membre de l'équipe ainsi que leur contribution à l'atteinte de l'objectif commun ; ces résultats pourront être comparés et discutés régulièrement, sans complaisance.

Ils ont ainsi davantage besoin de travailler *ensemble* sur des problèmes pratiques, techniques, mesurables et opérationnels plutôt que de se polariser sur leurs relations, leur motivation et leur communication. Ils doivent faire l'apprentissage de la dynamique de confrontation, c'est-à-dire apprendre à donner, recevoir et accepter la critique constructive, et être réceptifs aux axes d'amélioration comme des échanges utiles au sein d'un processus de croissance normal d'équipe.

En groupe, ils ont besoin de collaborer sans, à chaque fois, mélanger les genres. En conséquence, travailler ensemble ou avec un consultant ou un coach n'est pas nécessairement et automatiquement une expérience motivante, exaltante et amusante.

La phase de Distanciation

Ce chapitre concerne la dernière phase d'évolution « normale » ou classique d'un système-projet, celle de « Distanciation ». Cette présentation est accompagnée de quelques réflexions sur le type d'accompagnement que pourrait proposer un leader ou un coach lors d'une telle phase pour assurer son bon déroulement et, si nécessaire, pour préparer la suite. À ce titre, elle est suivie d'un cas illustrant la transition entre la phase de « Distanciation » et celle de « Conception » centrée sur un nouveau démarrage.

La période de Distanciation

Bien entendu, la période de Distanciation suit et repose sur les trois précédentes, à supposer qu'elles aient été bien menées. Suite à un contrat de système-projet bien défini lors de la phase de Conception, puis à une Consolidation bien « instruite », et enfin à une période de Maturation bien confortée par une identité sociale et bien établie au sein de réseaux relationnels, elle concerne l'autonomisation du projet et la prise de recul des individus par rapport aux enjeux collectifs.

Cette phase « ultime » est essentiellement synonyme d'un repositionnement ou d'un « élargissement » des horizons et des centres d'intérêts de chacun des membres du système-projet.

La dynamique caractéristique de la période de Distanciation concerne le développement d'un environnement de délégation, de créativité plus ou moins « autonome », et une ouverture à l'environnement général comme à de nombreux autres projets et centres d'intérêts.

Le risque collectif de cette phase est pour les membres d'une équipe de s'intéresser à tellement de nouvelles choses qu'aucune idée n'est réellement retenue ni professionnellement mise en œuvre dans le temps, tout en abandonnant le suivi du système-projet initial. C'est comme si le client individuel ou collectif souhaitait lancer tellement de nouveautés qu'il fait abstraction de la réalité et de la nécessité de continuer à soutenir son ancien investissement ou de réellement construire de bonnes fondations pour lancer un éventuel nouveau projet.

Cette phase peut donc quelquefois ressembler à une créativité hyperactive, « débordée » ou débridée, presque identique à une perte de repères et de sens. Pour le client individuel ou collectif, elle peut aussi comporter quelques difficultés liées aux tentations de saisir trop d'opportunités sans vraiment en prendre le temps, ni les moyens. Il s'agit aussi parfois de tout laisser tomber brutalement pour aller voir ailleurs sans entamer préalablement une réflexion approfondie sur le sens réel du virage radical.

Lors de la phase de Distanciation, le système-client peut ainsi facilement se désintéresser de la nécessité de mener à bien son projet jusqu'à sa conclusion, pensant le laisser évoluer tout seul en toute indépendance ou encore l'ignorer pendant que le projet entame prématurément une décroissance accélérée.

LA FONCTION DE DÉLÉGATION EN ACCOMPAGNEMENT DE PROJET

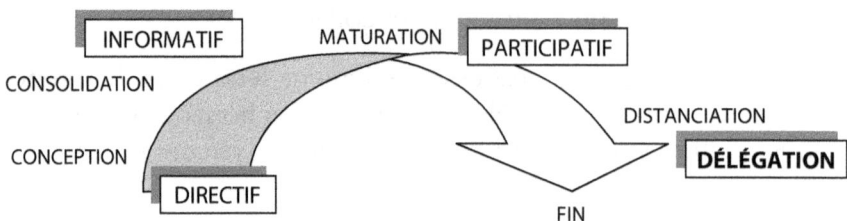

Le rôle du leader ou du coach lors de cette phase est d'accompagner le système-projet individuel ou collectif dans la formulation de ses vœux d'ouverture, voire de changement, dans sa créativité, dans sa prise de distance réfléchie et structurée ou dans un processus de séparation « constructif ».

Un bon suivi des liens du système-projet en phase de Distanciation avec son environnement est extrêmement utile pour s'assurer que cette phase peut se passer dans les meilleures conditions possibles pour l'ensemble des personnes et entités concernées.

Les interfaces

De façon active et productive, la phase de Distanciation permet l'ouverture des relations ou des interfaces du système-projet à l'environnement. De ce fait elle facilite souvent le développement d'un véritable réseau « paritaire » externe. Si lors de cette phase le système-projet semble être porté de façon naturelle par les personnes concernées, chacun est aussi en relation informelle, voire approfondie avec d'autres entités. En conséquence, chacun peut aussi être impliqué dans d'autres domaines, accompagnant « à temps partiel » ou à temps partagé d'autres systèmes-projets.

Cette phase est caractérisée par des systèmes en réseau à structure « matricielle », qui permettent les appartenances multiples et temporaires au sein d'organisations soit très mobiles soit en reconfiguration continuelle. Chacun développe des centres d'intérêts qui sortent de la stricte définition du système-projet initial.

Au-delà de la phase de maturité précédente, plus « groupale » ou « symbiotique », il semble que ce qui prime ici ce sont plutôt des relations et interfaces caractérisées par l'ouverture, le mouvement, l'énergie, la réactivité et la créativité à la fois au sein du système-projet et dans la relation de chacun de ses membres avec l'environnement plus large. Les frontières du système-projet semblent même quelquefois s'effilocher, exploser, ou leur maîtrise échapper à leurs fondateurs pour qu'il puisse être porté ou diffusé par « le réseau ».

Bien entendu, cet élargissement signale parfois la fin du système-projet, ou sa mutation éventuellement au profit d'une autre démarche ou d'une autre aventure portée par d'autres personnes et relations. Cet « élargissement » indique aussi la possibilité d'un déclin de l'implication, d'un retrait ou d'un départ progressif des personnes qui le portaient jusque-là, quelquefois au profit d'autres personnes, une « deuxième génération » porteuse d'une nouvelle motivation.

Les compétences

Typiquement, lors de la phase de Distanciation, les compétences sont installées et le projet « roule » presque tout seul. Les solutions techniques sont installées tout comme les interfaces professionnelles sont consolidées et un équilibre viable a été atteint. Soit le système-projet est en fait considéré comme « achevé » et les moyens qui y étaient dédiés sont redistribués pour l'atteinte d'autres objectifs, soit il perdure car il ne nécessite pas une énergie excessive pour assurer sa bonne gestion ni dans des domaines de compétences ni dans des sphères plus relationnelles « de reconnaissance » ou de « motivation ».

La motivation

Le partage des tâches pour assurer sa pérennité comme le partage de la reconnaissance ou de la « paternité » est donc suffisamment définis pour ne plus susciter les convoitises ou motiver des stratégies personnelles qui pourraient apporter un déséquilibre néfaste au bon déroulement de l'ensemble. Cette stabilité dans sa gestion quotidienne permet de dégager un « surplus » de compétences et de motivation qui facilite un développement éventuel vers de nouveaux horizons, un élargissement, une nouvelle créativité, voire une Délégation.

La motivation peut être élevée lors de cette phase, mais surtout en raison de la grande liberté de pouvoir s'investir ou entreprendre ailleurs que dans le système-projet initial. Principalement stimulée par de nouvelles opportunités liées à d'autres horizons, il est possible d'affirmer que la motivation provoquée par le système-projet lui-même est de fait relativement basse.

Le temps

Cette dernière phase de Distanciation révèle encore une nouvelle perception de la nature du temps. Le temps disponible accordé aux relations, caractéristique de l'étape précédente, est maintenant centré plutôt sur l'énergie en mouvement ou les événements qui se présentent comme de nouvelles opportunités. La créativité, l'ouverture à l'environnement et à la nouveauté, le « zapping » d'un centre d'intérêt à un autre au sein d'un réseau élargi nécessitent ici une approche plus « polychronique »[1] des évènements.

Le système-projet maintenant autonome évolue peu ou prou « de son propre chef » sans nécessiter beaucoup d'efforts au sein d'une constellation constituée de nombreuses dynamiques plus ou moins liées en réseau. La gestion de l'ensemble ne nécessite donc plus d'attention soutenue à un seul endroit mais une présence souple, collective, créative et adaptable, capable de sauter d'un centre d'intérêt à un autre, l'espace d'un instant utile.

La gestion du temps de façon « polychronique » consiste donc à suivre plusieurs énergies « en temps réel » (juste à temps), c'est-à-dire sans plan préalablement conçu, et sans but nécessairement prédéfini, en se faisant confiance comme en faisant confiance aux autres d'être au bon endroit au bon moment.

Il faut également que l'équipe sache immédiatement se servir des ressources locales et disponibles pour résoudre les problèmes au fur et à mesure de leur apparition. Cette dynamique vécue par certains comme une « perte de contrôle » ou un manque de préparation repose sur une réelle attitude de Délégation.

© Éditions d'Organisation

---

1. Voir encore Edward T. Hall, *La danse de la vie.*

Il se peut aussi que sans processus de deuil apparent, le système-projet entame une nouvelle aventure sur un nouveau but, laissant l'observateur penser que la transition vers un nouvel horizon s'est passée sans « symptôme » de crise, synonyme de rupture difficile, mais plutôt de façon lente, mûre et positive. Il s'agirait alors d'un passage direct entre une période de Distanciation à une nouvelle Conception centrée sur un autre système-projet, ou quelquefois sur le même, mais de façon totalement différente.

En phase de Distanciation, il s'agit donc souvent de développer une approche de gestion du temps qui permet de suivre plusieurs systèmes-projets « en simultané ». Il s'agit de réagir de façon appropriée dans « l'émergeant », quelquefois dans l'urgence, sachant que ces sauts continus d'un espace-temps à un autre sont aussi synonymes d'une très grande liberté créative.

Cette phase prend aussi tout son sens lorsqu'elle est comparée au processus de gestation qui précède une naissance, à ceci près qu'elle précède et peut-être prépare parallèlement une séparation ou une rupture. En ce sens, le temps de la phase de distanciation est quelquefois inconsciemment utilisé à préparer le long terme, et relève plutôt de « l'important » ou du « stratégique » que de l'urgent centré sur des résultats.

Lors d'une période de Distanciation, le rôle du leader est de se préserver un temps de réflexion stratégique pour discerner l'important du superflu et prendre les décisions lorsqu'elles s'imposent. De son côté, le coach sera quelquefois bien avisé d'offrir au client individuel ou collectif un aperçu indirect de ce qui pourrait l'attendre, ou qui est déjà en train de se manifester, et qui peut plutôt concerner la courbe des « processus de deuil » abordée plus tard dans cet ouvrage.

Stratégies d'accompagnement

Comme lors des phases précédentes, les personnes et organisations en phase de Distanciation *demandent* à une ressource extérieure de les aider à se développer tout en imposant un cadre de référence restreint, caractéristique de la période qu'ils vivent.

Ils tenteront d'aspirer le consultant ou le coach dans une spirale créative et assez déstructurée, avec peu de méthode et encore moins de suivi. Ils voudront être accompagnés dans leurs multiples changements et virages, changeant à la dernière minute leurs dates et lieux de rendez-vous comme leurs objectifs et leurs priorités, en s'emballant à chaque fois comme un cheval fougueux. À l'apparition de chaque nouvelle option, ils voudront varier leurs orientations, tout cela au nom d'une certaine liberté d'action. De façon presque prévisible, les contrats établis entre un système-projet en phase de Distanciation et un coach ou consultant sont rarement respectés, souvent modifiés.

Le cas échéant, les personnes et équipes en phase de Distanciation aiment mélanger travail en continu, relations personnelles et fêtes toutes les nuits. Ils ne restent presque jamais pour une activité dans son ensemble, mais y arrivent avec retard et la quittent en avance, généralement dans la précipitation, pour aller voir ce qui se passe ailleurs. Ils s'attendent presque à ce que leurs coachs et consultants manifestent une disponibilité totale pour suivre leur énergie dispersée, sept jours sur sept.

Ils ont terriblement besoin de structure, de méthode, d'organisation, de formalisme, de règles, règlements et procédures qu'ils mettraient en pratique et suivraient à moyen, voire à long terme. Dans ce sens, le consultant ou coach gagnerait à leur faire signer un contrat ferme, écrit et comportant des clauses de pénalités en cas d'annulation ou de report à trop court terme.

Les enjeux

Les enjeux réels des systèmes-projets qui se situent dans une phase de Distanciation se posent donc dans des dimensions très différentes, souvent complémentaires à leurs premiers réflexes.

Il est utile de leur fournir des outils pratiques qui les aident à mesurer et à suivre avec précision la progression de tout leur travail d'exploration. Ils ont en effet besoin de méthode pour manager leurs multiples projets. Aussi, ils ont souvent besoin d'avis financiers et juridiques à obtenir auprès d'experts bien structurés, voire un peu conservateurs. Souvent aussi, des procédures financières, comptables et de contrôle extrêmement rigoureuses doivent être mises en place.

Un certain encadrement dans le maniement de leurs agendas et l'apprentissage de techniques *suivies* et d'outils de gestion du temps leur sont presque invariablement nécessaires. En résumé, ils ont besoin d'apprendre à se manager eux-mêmes et, le cas échéant, à accepter l'existence d'un management supérieur.

Les équipes en phase de Distanciation ont besoin de moins s'identifier à l'énorme quantité d'énergie qu'ils fournissent presque sans compter en se mettant corps et âme au service de leur système-projet, et de plus s'identifier aux actions utiles centrées sur un résultat mesurable à une date déterminée.

Pour limiter leur tendance à se disperser sur de trop nombreux objectifs et projets, il est utile de leur faire établir un ordre de priorité, et de s'assurer que leurs moyens sont distribués en conséquence. Lors de cette phase, si chaque dépense est allouée en fonction des résultats concrets qu'elle peut dégager, les acteurs concernés seront plus à même de faire le tri entre des actions trop risquées et celles qui peuvent assurer un avenir plus sûr.

Par ailleurs, un travail plus approfondi sur le sens de leurs actions permettra aux personnes et aux équipes de développer un peu plus de discernement quant aux projets qui sont utiles et ceux qui sont superflus ou hors de leurs axes prioritaires.

Beaucoup de ces stratégies d'accompagnement révèlent que la dynamique d'encadrement presque contractuelle et Directive propre à une phase de Conception de système-projet est aussi bienvenue en fin de parcours, pour aider les personnes et les équipes à mieux se centrer sur les quelques actions utiles propres à assurer leurs résultats.

Cela dit, les coachs et leaders qui accompagnent les personnes et les équipes en phase de Distanciation devront souvent faire preuve de souplesse, de capacité d'adaptation, de créativité et d'originalité pour correspondre à l'esprit de liberté et quelque peu frondeur propre à cette période. Trop d'insistance sur des règles et des procédures trop rigoureuses ne suffit pas à réellement répondre aux besoins de cette période entrepreneuriale par excellence.

Pour arriver à situer le « juste » niveau de cadrage utile à une personne ou une équipe lors de cette phase, il est généralement utile de l'aider à définir ses objectifs à moyen et long terme. Cet horizon lui permettra de mieux choisir ses axes prioritaires dans la tourmente créative quotidienne.

Après la Distanciation

Lors des chapitres précédents nous avons précisé les différentes étapes qui jalonnent la courbe d'évolution « normale » de nos systèmes-projets habituels. Cette trajectoire commence avec une période de Conception, continue à travers les phases de Consolidation puis de Maturité, jusqu'à arriver à la Distanciation qui laisse présager une future fin.

Nous avons aussi évoqué l'utilité d'accorder une attention particulière aux « passages » ou aux transitions entre chacune de ces étapes, afin d'accompagner l'ensemble d'un système-projet avec plus de professionnalisme, de recul et de stratégie.

Cette courbe de management, de leadership ou « d'accompagnement de transitions » peut concerner la vie d'un projet, d'un produit, d'une relation ou d'une entreprise, d'une part, et peut illustrer, d'autre part, la qualité de l'implication ou de l'investissement personnel de l'un ou l'autre des acteurs concernés pris individuellement ou en tant que groupe.

Le propos de notre démonstration est de poser et de bien définir ces phases afin de nous permettre de les accompagner de la meilleure façon possible, soit en tant que leaders ou acteurs responsables de ces systèmes-projets, soit en qualité de consultants ou de coachs de ces acteurs.

Notre rôle dans ce dernier cas serait de bien nous assurer que notre dynamique d'accompagnement, nos questionnements d'exploration et de soutien sont le plus possible en adéquation avec les besoins, sinon les enjeux des systèmes-projets en question et des clients qui les portent.

Comme nous l'avons remarqué plus haut, une question se pose toutefois sur la suite « naturelle » d'un processus d'accompagnement de transitions au-delà de la phase de Distanciation. En effet, lorsqu'un client individuel ou collectif manifeste tous les indicateurs d'une prise de distance par rapport au système-projet auquel il a participé, lorsqu'il indique clairement une dynamique de Distanciation, comment l'accompagner au delà ?

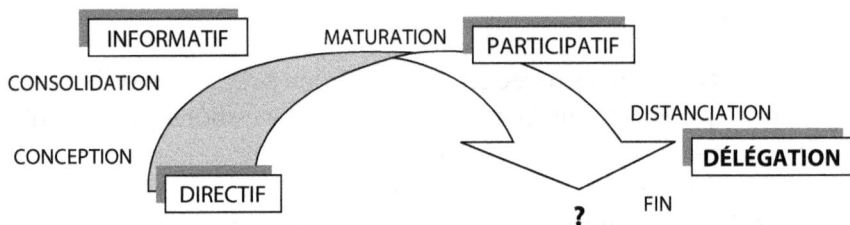

Quelles sont la ou *les suites logiques* dans la trajectoire d'une personne ou d'une équipe qui continue au-delà d'un système-projet précis ? Comment l'acteur et le coach peuvent-ils dessiner « l'après Distanciation » ou la « post-Délégation » ? Pour un coach, enfin, quels sont les indicateurs qu'il serait utile d'avoir à l'esprit pour bien faire corps avec la dynamique du client lors de cette transition « finale » vers un « autre chose » voulu ou espéré souvent comme complètement différent ?

La première réponse communément admise consiste à envisager que le sujet traversera un « passage à vide », une période de « sevrage » de son ancien projet, ou encore qu'il vivra un « processus de deuil » plus ou moins difficile à gérer selon l'intensité émotionnelle de la situation. Nous envisagerons cette option un peu plus loin dans cet ouvrage.

Une deuxième réponse, toute aussi possible, serait d'imaginer un retour rapide à la case départ. Il s'agirait là d'une transition plus rapide vers un nouveau cycle, centré sur une nouvelle courbe *identique à la précédente*, qui recommencerait avec une autre phase de Conception centrée sur un nouveau système-projet.

À titre d'illustration, nous vous proposons le cas suivant.

Le cas de « passage de flambeau »

L'équipe de direction d'une entreprise de distribution, filiale d'un grand groupe, se réunit avec régularité à raison d'une journée par mois. Depuis deux ans, un coach les accompagne tous les trois mois en « supervision de réunion »[1].

Ce travail de coaching en « supervision de réunion » suit une démarche d'accompagnement centrée sur la définition et la déclinaison des objectifs stratégiques de l'entreprise sur trois ans. Le suivi de l'équipe par des sessions régulières de coaching permet une recherche de performance à la fois dans une professionnalisation des processus de travail (prise de décisions en équipe et suivis collectifs, meilleure gestion du temps, meilleures interfaces inter-services, etc.) et dans l'augmentation de leur performance (meilleur « tracking » des résultats, optimisation des moyens en « budget-base zéro », hausse des ambitions et des bénéfices avec une approche « breakthrough »[2], etc.).

Lors d'une séance de supervision de réunion, le directeur de l'organisation annonce au coach et à son équipe qu'il a accepté une mutation et donc que la réunion « supervisée » suivante, prévue sur deux jours et trois mois plus tard, doit être annulée. Elle tombe en effet au moment même où il prévoit de quitter l'équipe pour sa nouvelle affectation.

Le remplaçant est déjà nommé et prévu pour arriver à cette même époque. Il est *a priori* d'accord avec le principe de continuer le processus de coaching d'équipe, mais juge que serait trop tôt pour lui d'envisager de le poursuivre tel qu'il était prévu lors de cette réunion, trois mois plus tard.

---

1. Processus de coaching expliqué dans le détail dans *Coaching d'équipes*, A. Cardon, Éditions d'Organisation, Paris, 2003.
2. Méthode aussi présentée dans *Coaching d'équipes*, *op. cit.*

Plutôt que d'accepter une annulation ou un report du processus de supervision de réunion, le coach propose à l'équipe d'envisager une autre approche, à mettre en œuvre lors de la session à venir. Cette approche est simultanément proposée aux deux patrons, qui l'acceptent :

✔ Lors du premier jour de supervision, le patron « en partance » et son équipe travaillent ensemble *en présence du nouveau leader.* Leur travail est centré sur l'établissement d'un bilan de leurs années de collaboration et d'un « état des lieux » complet de leur organisation. Tout particulièrement, il est question de faire l'inventaire de tous les problèmes et de toutes les questions et décisions qu'ils laissent en suspens, et qui attendent l'arrivée du nouvel arrivant.

✔ Le soir de ce premier jour, un dîner d'adieu sert de « rite de passage » pour matérialiser le départ de l'ancien patron.

✔ Lors du deuxième jour, et en *l'absence de l'ancien directeur,* le nouveau patron « prend en mains » sa nouvelle équipe, d'abord pour définir avec elle ce qu'elle doit accomplir dans l'urgence et pour construire les plans d'action correspondants. Ensuite ils font l'inventaire des priorités plus stratégiques sur lesquelles ils doivent se concentrer pendant les mois suivants.

Cette intervention d'accompagnement *collectif* de la transition entre deux décisionnaires eut un grand succès. Elle facilita le « passage de flambeau » entre le « partant » et le nouvel arrivant. Elle permit l'implication de tous les membres de l'équipe dans le management d'une transition qui habituellement se passe presque entièrement en leur absence et au sein d'une confidentialité qui les exclut et invariablement les déresponsabilise, souvent les déstabilise.

En effet, nous constatons souvent que le fait de ne pas intégrer une équipe dans la gestion d'un processus de transition aussi important que le changement de patron fait que ces changements se passent avec beaucoup plus de rumeurs et de heurts. Elle se fait en « rupture » plus douloureuse et sans intégrer les compétences ni la motivation de l'équipe concernée.

Nous constatons d'ailleurs qu'au sein de certaines équipes qui vivent ce même type de transition, mais de façon négative, au moins la moitié de leurs membres changent d'affectation ou démissionnent dans l'année qui suit. Avec 50 % de turnover en un an, la perte de savoir-faire technique et de compétence interactive est un énorme prix à payer pour un remplacement de leadership mal accompagné.

Quant au résultat lors de notre cas réel, la « prise en mains » de l'équipe par le nouvel arrivant se passa en un temps record. Six mois après cette transition, les anciens collaborateurs étaient presque tous toujours présents et très satisfaits à la fois de la transition et de ce que le changement hiérarchique leur avait apporté, aussi bien à titre individuel qu'en tant qu'équipe.

En termes d'accompagnement de transitions, ce processus a permis de mieux manager l'interface entre la « fin » de l'histoire de l'équipe avec un patron en partance pour qu'elle puisse mieux préparer puis démarrer une nouvelle courbe avec son successeur. Schématiquement, au sein de la courbe des transitions des systèmes-projets, il s'agissait pour l'équipe de passer le plus directement et le mieux possible de la phase de Distanciation avec l'ancien directeur, à une nouvelle dynamique de Conception avec le nouveau patron.

La démarche de coaching ou d'accompagnement de transition était d'abord centrée sur le *passé et le présent* avec l'ancien patron *en présence du nouveau*. Ensuite et pour faire le lien, l'équipe s'est centrée sur l'immédiat et l'avenir, avec le nouveau patron, et *en l'absence de l'ancien*.

Le « cercle vertueux » des transitions

Cette dynamique nous permet de redessiner notre courbe d'évolution des systèmes-projets, lorsque plusieurs se suivent de façon consécutive. Si plusieurs « systèmes-projets » de structures différentes s'enchaînent sans rupture apparente ou conséquente, ils dessinent peut-être un cercle continu qui relie la phase de Distanciation à celle de Conception.

83

Un accompagnement général des transitions à travers chaque étape d'évolution, de la Conception à la Distanciation *et* à la (re-)Conception de nouveau, peut ainsi être vécu de façon positive et permettre à *tous* les acteurs de bien assumer l'évolution naturelle de leurs trajectoires individuelles et collectives.

LE « CERCLE VERTUEUX » DES TRANSITIONS

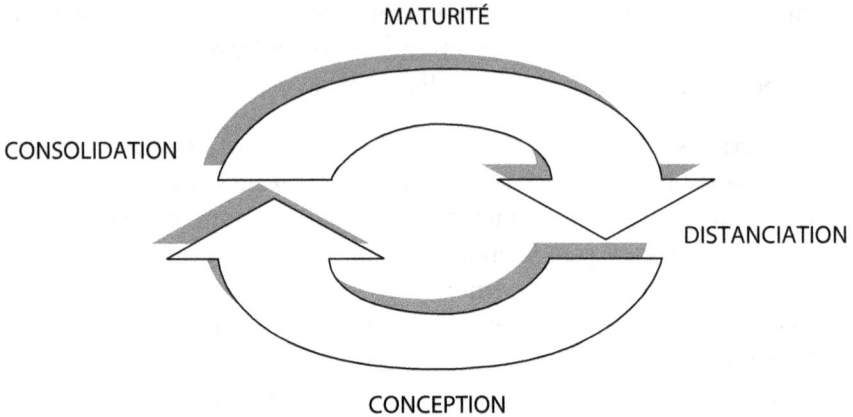

MATURITÉ

CONSOLIDATION

DISTANCIATION

CONCEPTION

Ce cercle, ou plutôt cette « spirale vertueuse » des transitions de systèmes-projets illustrée ci-dessus et au travers du cas décrit précédemment démontre qu'il est possible de passer d'un système-projet à un autre de façon souple, à condition de bien accompagner la transition entre une Distanciation et une nouvelle Conception.

Cette démonstration révèle aussi que si elle est bien vécue, la nature de la dernière phase d'une courbe de système-projet (la phase de Distanciation) est relativement proche de la suivante (de Conception), voire qu'elle permet de la préparer.

C'est en effet surtout dans un cadre de Délégation, au sein d'un système à la fois auto-motivé et compétent, que l'on peut plus facilement trouver le temps et l'intérêt de commencer à envisager ou à « Concevoir » la suite qui nous attend, à se préparer à la « Diriger » pour ensuite la Consolider, et ainsi de suite.

Pour assurer cette transition « douce », il nous reste à souligner l'importance d'inclure *tous les acteurs concernés*, si possible ensemble, dans sa préparation et dans son accompagnement. Le pire que l'on puisse proposer à une équipe est en effet de « subir » une transition préparée en vase clos, entre les décideurs ou « experts » qui prétendent en assurer le contrôle. Nous reverrons de plus près les conséquences de ce choix souvent désastreux au sein de la deuxième partie de cet ouvrage.

CHAPITRE 5

L'évolution des indicateurs

Ci-dessous, nous proposons de parcourir *plusieurs fois* l'évolution d'une courbe de système-projet, chaque fois au travers du prisme d'un d'indicateur particulier : les relations ou interfaces, la motivation, la compétence, l'espace et le temps.

Repris des chapitres précédents, ces indicateurs sont ici présentés un à un et dans le cadre de leur propre cohérence. Le suivi de chaque indicateur au fur et à mesure de son évolution permet de mieux saisir les aspects différents des transitions graduelles que peuvent vivre les systèmes-projets à travers les quatre phases. Pour un leader ou un coach, une connaissance des différentes transitions vues à travers l'évolution de chaque indicateur permet de mieux saisir les nombreuses options à envisager dans l'accompagnement des transitions.

Les indicateurs

Lors de la présentation de la courbe d'évolution d'un système-projet, nous avons vu que de nombreux éléments de notre perception ou de notre « réalité » semblent changer au fur et à mesure de notre cheminement. En effet, la perception que l'on peut avoir du temps, de l'espace ou du territoire environnant, des interfaces et des relations entre les entités et les personnes, de notre motivation ou encore de nos compétences, n'est pas la même selon la phase de transition du système-projet que nous vivons.

Chacune de ces dimensions de notre « réalité perçue » est presque obligatoirement et naturellement en évolution constante et progressive selon l'étape et les subtilités propres à la phase d'évolution d'un système-projet. Bien entendu, cette réalité « perçue » influence fondamentalement notre façon d'agir ou de réagir.

Le temps, par exemple, n'est ni perçu ni vécu de façon identique si le système-projet que nous accompagnons est en phase de Conception, bien avancé en période de Consolidation, en phase de Maturité ou encore en cours Distanciation. À chaque étape, notre perception du temps peut nous conduire à agir de façon radicalement différente. Ce comportement différent sera mis en œuvre de façon à révéler une motivation différente, des relations ou des types d'interfaces différents, des perceptions différentes de nos compétences, de l'espace ou du territoire du projet, etc.

Cela revient à affirmer que selon sa phase d'évolution, un système-projet qui nous tient à cœur influence de façon très différente notre perception de la réalité dans toutes ses dimensions. Cette perception de la réalité (en évolution continue) influence en retour notre façon d'agir et de réagir au sein d'un système-projet et, par conséquent, influence ou détermine ses résultats.

> *« La réalité est ce que nous tenons pour vrai. Ce que nous tenons pour vrai, c'est ce que nous croyons. Ce que nous croyons se fonde sur nos perceptions. Ce que nous percevons dépend de ce que nous cherchons. Ce que nous cherchons dépend de ce que nous percevons. Ce que nous percevons détermine ce que nous croyons. Ce que nous croyons détermine ce que nous tenons pour vrai. Ce que nous tenons pour vrai est notre réalité. »*[1]

---

1. Extrait de Gary Zukav, "The dancing wu li masters, traduit par Schultheiss", « Le théorème de Bell 3 », *L'Écho des savane*s, 1989, Paris.

**L'INFLUENCE RÉCIPROQUE DES INDICATEURS
DE SYSTÈMES-PROJETS**

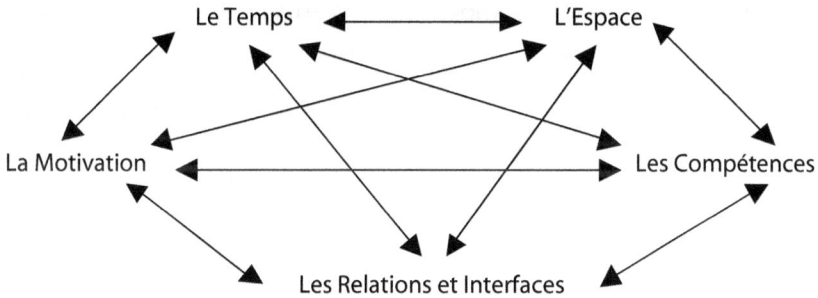

Ci-dessous, nous proposons d'aborder chacun des critères ou indicateurs et de suivre son parcours évolutif spécifique afin de révéler quelques pistes de diagnostic et d'accompagnement de systèmes-projets.

L'évolution des relations

Une des premières dimensions qui évoluent à travers les quatre phases de transition d'un système-projet est celle de la qualité et de la complexité des relations et/ou des interfaces entre les personnes et les ensembles concernés.

Les interfaces peuvent concerner les relations comme les composantes mêmes de la structure technique du projet, les communications interpersonnelles, inter-systèmes (services, départements) comme celles avec l'environnement. Quelquefois à tous ces niveaux, nous constatons que le type de relation et d'interface évolue au fur et à mesure de l'avancement d'un système-projet à travers ses phases de transition. Cela se fait de façon subtile et progressive mais presque inexorablement.

De toute évidence, chaque étape de transition d'un système-projet nécessite de la part des acteurs concernés des compétences relationnelles ou interactives relativement différentes, dans un ordre respectant une complexité croissante.

89

**ÉVOLUTION DES INTERFACES AU SEIN
D'UN SYSTÈME-PROJET**

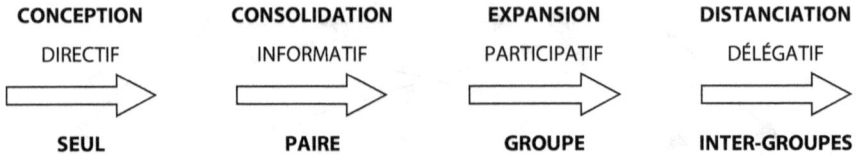

CONCEPTION	CONSOLIDATION	EXPANSION	DISTANCIATION
DIRECTIF	INFORMATIF	PARTICIPATIF	DÉLÉGATIF
⟹	⟹	⟹	⟹
SEUL	PAIRE	GROUPE	INTER-GROUPES

Au-delà de ces quatre phases, nous constatons que par petites touches, les interfaces entre le projet, les personnes concernées et avec l'environnement évoluent presque naturellement dans une progression encore plus subtile, en huit étapes détaillées ci-dessous.

Phase de CONCEPTION

1. La première démarche qui caractérise le début de la période de Conception (Directive) est fondamentalement individuelle ou **solitaire** et introspective, en tout cas en apparence. Les seules interfaces à deux ont lieu au sein de relations confidentielles entre le leader et les quelques personnes qu'il a choisies pour l'accompagner.

Lors cette phase, nous constatons souvent que la relation appropriée de coaching se fera dans une approche individuelle et rigoureusement confidentielle avec le leader, donc sans que l'environnement n'en soit conscient ni tenu informé.

2. Toujours en première phase de Conception mais dès la naissance officielle du système-projet, apparaît une communication moins confidentielle mais aussi formelle car destinée à un « public » réceptif, voire passif. Les annonces officielles du leader s'adressent à l'ensemble de l'équipe ou d'un public averti, mais traité de façon indifférenciée. Ces communications institutionnelles ressemblent donc à des « grandes messes ». Les détails plus opérationnels qui concernent chacun des individus ou des membres de l'équipe sont encore traités en confidentialité, en tête à tête, derrière les portes closes.

La relation de coaching du leader peut ici évoluer pour accompagner la préparation de sa communication « publique », et pour peu à peu accompagner le développement des relations entre le leader et chacun des autres acteurs du système-projet. Lors de cette phase, un travail en équipe est quelquefois possible mais il restera souvent centré sur les apports ou sur le discours de l'intervenant ou du conseil positionné comme un « expert », comme en situation de formation.

Phase de CONSOLIDATION

3. En début de phase de Consolidation (Informative), les relations **à deux** avec le leader et précédemment confidentielles deviennent visibles. Elles ont lieu en public ou en réunion et sont donc implicitement validées par le reste de l'équipe ou de l'entourage. Elles sont ainsi caractérisées par des « discussions » entre chaque membre de l'équipe et le leader, mais *effectuées au sein du groupe*. Ici, les réunions collectives ressemblent donc plutôt à une série de réunions « à deux » effectuées en présence de l'équipe, centrées sur le leader ou ne s'adressant qu'à lui.

La première démarche d'accompagnement qui pourrait être appropriée ici serait alors un coaching individuel avec chaque membre de l'équipe effectuée *en groupe*.

4. En phase de Consolidation, apparaissent *ensuite* des discussions directes *entre les membres* de l'équipe. Ces relations concernent rarement plus de deux membres mais ont lieu devant le reste de l'équipe *dont* le leader. Soit en complémentarité soit en compétitivité, ces entretiens développent une transversalité limitée ou cherchent à résoudre des problèmes ponctuels d'interfaces opérationnelles.

Ici les premières bases d'un coaching collectif peuvent être posées. Au-delà d'une série de coachings individuels, effectués en présence de l'équipe, il s'agirait plutôt de coacher la qualité des interfaces entre différents membres de l'équipe, par groupe de deux ou trois, et si possible toujours en présence des autres.

Phase de MATURITÉ

5. En phase de Maturité (Participative) apparaît la prédominance du **groupe** en tant que collectif relationnel. Le « dialogue »[1] *avec les autres* caractérise cette phase. Une première étape est souvent centrée sur un ou deux membres influents de l'équipe qui se rendent centraux en accaparant l'attention et l'énergie de l'équipe par leurs incessants « jeux d'influences ». Le coach ou le leader cherchera ici à impliquer les autres membres de l'équipe qui font partie du groupe d'observateurs afin de les impliquer un peu plus au sein du dialogue. Il pourra ainsi graduellement provoquer un partage plus collectif.

6. En phase Participative, le jeu d'influence centré sur quelques membres influents se généralise de plus en plus pour faire d'avantage de place *à tous* les membres de l'équipe. Cela favorise largement le développement plus « consensuel » d'une identité collective. Lors de cette phase, les membres secondaires ou moins influents ressentent une obligation de s'engager plus activement.

La démarche du leader ou du coach peut ici encore évoluer vers le début d'un réel coaching d'équipe en *accompagnant l'ensemble* du système-projet *sans* le mener, le diriger ni l'animer, c'est-à-dire en se plaçant en parité dans les processus, au même niveau que les autres membres de l'équipe.

Phase de DISTANCIATION

7. Enfin, en période de Distanciation (Délégation) la communication circule beaucoup plus librement, de façon quasi égalitaire entre tous les membres de l'équipe, qui chacun entretient des relations plus importantes avec d'autres entités à l'extérieur de l'équipe.

Lors de cette phase, la communication sur les interfaces **de groupe à groupe** est privilégiée presque aux dépens du reste de l'équipe. Tous les acteurs deviennent des « ambassadeurs » itinérants du système-projet en favorisant des liens

---

1. *Dia*, à travers, et *logos*, la parole.

avec l'environnement extérieur. Le coach ou le leader peut ici aider chacun des membres de l'équipe à tenir les autres informés des projets parallèles qu'il suit avec l'environnement.

8. La phase de Distanciation se termine normalement par la prise de distance graduelle des membres du groupe, qui peut s'accompagner d'une sorte d'éclatement de leur communication formelle.

L'accompagnement du coach ou du leader peut au besoin devenir un accompagnement individuel centré sur les besoins des acteurs qui peu à peu partent vers de nouveaux horizons.

En fin de phase de Distanciation, l'accompagnement des membres de l'équipe est lui aussi de plus en plus délégué et à la carte. Lors de cette phase, même si chacun des membres de l'équipe ressent un besoin d'encadrement ou d'accompagnement, l'équipe n'a souvent plus une cohérence suffisante pour envisager une démarche *collective*.

C'est en connaissant les étapes dans l'évolution des interfaces et relations qu'il est possible d'identifier les nombreuses pistes d'accompagnement pour les acteurs et responsables d'un système-projet comme pour leurs coachs. À chaque étape, un type privilégié de relation apparaît et révèle la nécessité de peu à peu préparer et mettre en œuvre des interfaces plus appropriées, à chaque fois un peu plus ouvertes et complexes que les précédentes.

L'évolution de la motivation

De la même façon, nous pouvons observer que les perceptions et les préoccupations concernant la *motivation* des acteurs concernés évoluent au fur et à mesure du processus de maturation d'un système-projet, chaque phase présentant des caractéristiques qui lui sont propres. Sur quatre phases, nous avons vu que la motivation des personnes impliquées évolue presque naturellement de la façon suivante.

**ÉVOLUTION DE LA MOTIVATION AU SEIN
D'UN SYSTÈME-PROJET**

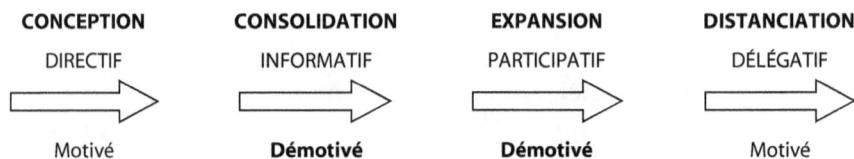

CONCEPTION	CONSOLIDATION	EXPANSION	DISTANCIATION
DIRECTIF	INFORMATIF	PARTICIPATIF	DÉLÉGATIF
→	→	→	→
Motivé	**Démotivé**	**Démotivé**	Motivé

Selon ce modèle, il est intéressant de constater que pour des raisons apparentées, ce sont les débuts et fins de systèmes-projets qui semblent apporter *le plus de satisfaction* et de motivation aux acteurs concernés. En revanche, les phases centrales semblent être plus à même d'user leur énergie ou le moral individuel ou collectif.

Une étude plus approfondie de ces quatre phases nous révèle une réalité plus complexe :

Phase de CONCEPTION

1. Une **motivation élevée** est presque systématiquement au rendez-vous en période de Conception d'un système-projet. Attention, avant la « naissance » du projet, elle peut quelquefois sembler irréaliste, idéaliste ou trop conceptuelle.

2. Dès le démarrage ou la naissance officielle du système-projet, la motivation toujours élevée est bien souvent un peu trop débridée. Elle nécessite donc un bon encadrement centré sur le respect d'un certain nombre de règles, de procédures et de délais comme sur le respect de la qualité de la tâche.

Lors de cette phase, un travail centré sur le développement de la motivation peu sembler illusoire ou inapproprié. Il est surtout utile d'aider chacun à se centrer sur l'accomplissement rigoureux de son contrat, et sans trop laisser cours à des emballements.

Phase de CONSOLIDATION

3. Cette période est généralement caractérisée par une **motivation perdue.** L'élan idéaliste initial se dégonfle souvent très rapidement face à une réalité plus difficile que prévue. Dans un premier temps, la baisse de la motivation peut être due à l'augmentation du contrôle centralisé, où tout passe par le ou les leaders. Cette centralisation existe pour assurer la mise en œuvre « parfaite » ou sans failles du système-projet.

4. L'ampleur de la technicité de la tâche révèle peu à peu le besoin *indispensable* de clarifier *toutes* les interfaces entre *tous* les acteurs concernés, et pas seulement en passant par le centre représenté par le leader. Cette tâche aussi incontournable qu'elle est difficile est bien évidemment créatrice du stress personnel et interpersonnel à l'origine d'une motivation de plus en plus érodée.

Ici, un accompagnement sur le développement de la motivation passe obligatoirement par une clarification des interfaces opérationnelles entre tous les membres du système-projet, et pas seulement avec le leader.

Phase de MATURITÉ

5. En phase de Maturité, les acteurs *affichent* un peu plus et de façon plus émotionnelle et quelquefois désabusée leurs **problèmes de motivation.** Cette période est d'abord caractérisée par l'apparition de jalousies interpersonnelles et de revendications relativement « affectives » pour obtenir un peu plus de reconnaissance individuelle ou plus d'éléments de confort. Cette période est souvent riche en demandes « d'avantages en nature » et autres besoins matériels.

6. Peu à peu, au fur et à mesure que l'équipe développe son identité de groupe, les demandes se collectivisent et sont traitées par l'équipe elle-même en tant qu'ensemble. Les besoins en termes de motivation et de reconnaissance concernent donc la totalité du système dont les membres sont beaucoup plus soudés.

Lors de cette phase, le meilleur moyen de développer la motivation passe par un travail collectif. C'est lors de cette phase que des approches de style « cohésion d'équipe » comportant de nombreux exercices et autres mises en situation collective conviennent le mieux.

Phase de DISTANCIATION

7. En période de Distanciation et grâce à une maturité installée et un environnement de délégation, les acteurs retrouvent une **bonne motivation** liée à la perception d'un regain d'autonomie et de créativité, et de la richesse que peuvent apporter des relations plus dynamiques avec l'environnement plus large. Lors de cette phase et pour chaque membre de l'équipe, le système-projet n'est plus perçu comme le *seul* pourvoyeur de motivation et de satisfaction.

De ce constat de l'évolution de la motivation peuvent aussi découler de nombreuses pistes d'accompagnement pour les acteurs et responsables du système-projet comme pour les coachs. À chaque étape, la motivation des acteurs se transforme pour des raisons différentes, elles-mêmes évolutives. Il est par exemple souvent inutile de chercher à développer la motivation en phase de Conception, comme il est difficile de traiter la démotivation caractéristique de la phase de Consolidation avec des solutions appropriées à celle de Maturité (et *vice-versa*).

Chaque phase d'évolution d'un système-projet crée ou provoque un contexte « motivationnel » très différent. Cela peut suggérer que les leaders, consultants, coachs et autres accompagnateurs de systèmes-projet y regardent à deux fois avant de mettre en œuvre des actions ou moyens de « motivation » inappropriés. Ceux-ci peuvent quelquefois être aussi coûteux qu'ils sont « à côté de la plaque », dans la mesure où ils ne tiendraient pas compte des besoins intrinsèques de chaque phase.

L'évolution des compétences

De la même façon, nous pouvons observer que les préoccupations concernant la perception des compétences *techniques* évoluent au fur et à mesure des phases de transition d'un système-projet. Dans ce domaine aussi, chaque phase présente des caractéristiques qui lui sont propres. Les enjeux en termes de perception des compétences évoluent presque naturellement de la façon suivante.

ÉVOLUTION DES COMPÉTENCES AU SEIN D'UN SYSTÈME-PROJET

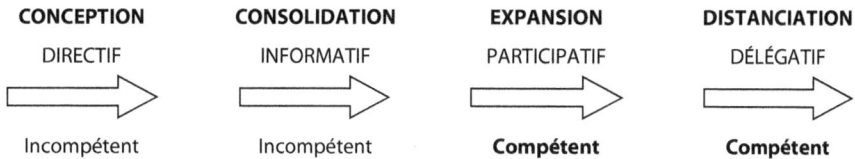

CONCEPTION	CONSOLIDATION	EXPANSION	DISTANCIATION
DIRECTIF	INFORMATIF	PARTICIPATIF	DÉLÉGATIF
Incompétent	Incompétent	**Compétent**	**Compétent**

Il est à remarquer ici que ce sont surtout pendant les deux premières phases que le thème de compétence technique reste central, quoique dans des domaines sensiblement différents comme nous le précisons ci-dessous. Toujours est-il que ce n'est qu'une fois que la compétence technique du système-projet est assurée que celui-ci peut entrer en phase de Maturité.

Phase de CONCEPTION

1. Les périodes de Conception sont marquées par un **manque de compétences individuelles.** Presque inévitablement, si chacun cherche à se rendre utile, il se repose trop sur ses expériences précédentes et ne tiens pas assez compte de la spécificité, de la nouveauté et des besoins particuliers du système-projet *actuel.*

2. En phase de Conception toujours, et après la véritable « naissance » du système-projet, les compétences individuelles nécessiteront de nombreuses validations avec le leader, voire de nombreux recadrages, quelquefois avec son lot de confrontations et de difficultés.

Phase de CONSOLIDATION

3. En phase de Consolidation, si les compétences individuelles évoluent, il apparaît toujours un **manque de compétences** au sein des *interfaces opérationnelles* de collaboration entre les acteurs internes et externes du système-projet. Ces difficultés *liées aux interfaces entre les tâches* ont des conséquences importantes sur la qualité de toutes les relations à deux. Dans un premier temps, les membres de l'équipe tenteront de résoudre leurs problèmes d'interfaces de compétences en passant par le leader, afin d'éviter d'envenimer les relations entre pairs.

4. Dans un deuxième temps, toujours en phase de Consolidation, les membres de l'équipe œuvreront, souvent avec difficulté, à aplanir leurs interfaces de compétences en s'adressant directement à chacun des acteurs de l'équipe-projet.

Phase de MATURITÉ

5. En phase de Maturité les **compétences sont assurées.** Il s'agit ici des compétences techniques, bien entendu mais pas forcément des compétences relationnelles. Les acteurs commencent à bien savoir mener à bon terme la tâche qui leur incombe, mais révèlent le besoin de bien assurer les moyens de leur motivation.

L'accompagnement lors de cette phase consiste quelquefois à aider l'équipe à se recentrer sur des mesures de performance individuelle et collective de leurs résultats opérationnels, afin de ne pas perdre de vue l'objet réel du système-projet.

Phase de DISTANCIATION

6. En période de Distanciation, cette même **juste compétence** est toujours présente. Souvent, elle commence à s'articuler au sein d'interfaces avec l'environnement beaucoup plus larges, au sein de réseaux plus souples et plus ouverts à l'extérieur.

Lors de cette phase, il est important pour le leader de bien rester informé des différentes actions en cours afin de limiter la « dispersion » ou l'éclatement de l'équipe dans trop de sens différents.

L'évolution dans la perception du temps

Lors de chacune des phases de vie d'un système-projet, nous avons constaté une évolution des perceptions et des préoccupations concernant la structure et la nature du temps. Dans le domaine de la gestion du temps aussi, chaque phase de l'accompagnement d'un système-projet présente donc des caractéristiques qui lui sont propres et qui nécessitent une adaptation pour tous les acteurs concernés. Cette évolution s'articule de la façon suivante.

ÉVOLUTION DU TEMPS AU SEIN D'UN SYSTÈME-PROJET

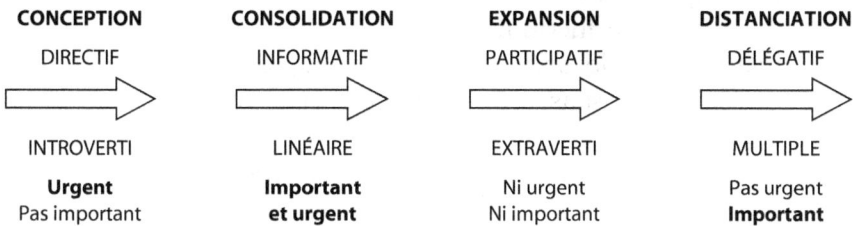

CONCEPTION	CONSOLIDATION	EXPANSION	DISTANCIATION
DIRECTIF	INFORMATIF	PARTICIPATIF	DÉLÉGATIF
→	→	→	→
INTROVERTI	LINÉAIRE	EXTRAVERTI	MULTIPLE
Urgent Pas important	**Important et urgent**	Ni urgent Ni important	Pas urgent **Important**

Phase de CONCEPTION

1. En période de Conception, le temps est initialement considéré comme ouvert, indéfini, voire « infini ». Il est structuré par les besoins intrinsèques du système-projet lui-même. Il est donc de nature **introvertie :** chacun des partenaires impliqués peuvent « prendre » le temps utile ou nécessaire, et souvent ils le font.

2. Dès la naissance officielle du système-projet, il est important de souligner que les délais raccourcissent et que la technicité peut devenir presque répétitive, procédurière ou besogneuse.

Cette focalisation sur les besoins immédiats de la tâche provoque une dynamique *où l'urgent devient central et où l'important disparaît.*

Phase de CONSOLIDATION

3. En continuité, en période de Consolidation, le temps est perçu comme une ressource beaucoup plus rare, **linéaire** ou « monochronique »[1] et limitée, que chacun doit s'évertuer à contrôler. Il est souvent considéré comme facteur de stress. La tâche se complexifiant, le temps devient trop court et le travail est de plus en plus centré sur *l'urgent et important.* Le résultat se mesure souvent par la nécessité d'effectuer des heures excessives. Rien ne peut attendre.

Phase de MATURATION

4. Lors de la phase de Maturation, la perception du temps change encore. Il est plutôt « donné » aux autres. Il sert à développer des relations à la façon d'un **extraverti** qui se rend presque inconditionnellement disponible aux besoins relationnels de son environnement. Techniquement, puisque la tâche est assurée et que le temps est accordé de façon à couvrir des besoins plus relationnels, *la tâche n'est plus considérée comme urgente ni importante.*

Phase de DISTANCIATION

5. Enfin, en période de Distanciation le temps est à la fois immédiat et **multiple** ou « polychronique », l'attention pouvant être accordée de façon simultanée ou en « zapping » à plusieurs préoccupations, relations ou systèmes-projets en parallèle. Au niveau de la tâche, le temps permet aussi de se centrer sur une recherche plus ouverte et stratégique en se focalisant sur des options *non urgentes mais importantes,* peut-être intéressantes à terme.

---

1. Terme inventé par Edward T. Hall et présenté dans, *La danse de la vie.*

L'évolution dans la perception de l'espace

L'espace, enfin, présente une nature différente lors de chacune des phases d'évolution d'un système-projet. Dans le domaine de la perception et de la gestion de l'espace, chaque phase de l'accompagnement d'un système-projet présente des caractéristiques qui lui sont propres et qui nécessitent une adaptation pour les acteurs concernés. L'espace ou le territoire du système-projet suit l'évolution suivante.

ÉVOLUTION DE L'ESPACE AU SEIN D'UN SYSTÈME-PROJET

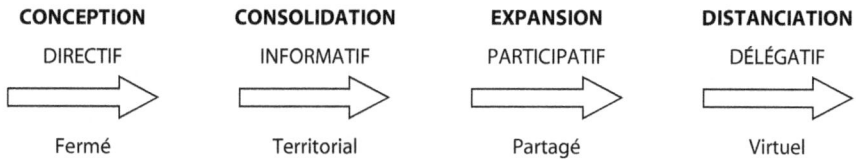

CONCEPTION	CONSOLIDATION	EXPANSION	DISTANCIATION
DIRECTIF	INFORMATIF	PARTICIPATIF	DÉLÉGATIF
Fermé	Territorial	Partagé	Virtuel

1. **En période de Conception,** l'espace est aussi encore en création. Il est d'abord inexistant puis souvent limité, confidentiel, personnel, voire intérieur, secret ou retiré, souvent difficile à situer au sein de l'environnement. Il peut être considéré comme un espace hermétiquement protégé, voire **fermé.**

2. **En période de Consolidation**, l'espace du système-projet devient plus **territorial.** Chaque membre de l'équipe, et l'équipe elle-même, veut devenir propriétaire de son environnement professionnel et défend ses frontières. Ce territoire est donc perçu comme une ressource limitée qu'il faut mériter, défendre ou conquérir face à un adversaire ou face à l'adversité. C'est l'apparition de structures « en silos ».

3. **Lors de la phase de Maturité,** l'espace devient à la fois beaucoup plus collectif et confortable. Il est souvent « **partagé** » à la manière des bureaux « paysagés », ouverts et accueillants ou encore modulables, permettant de répondre aux besoins en constante évolution des acteurs et de leurs partenaires. Il sert surtout à séduire ou à modeler, entretenir et développer des relations.

4. En période de Distanciation, enfin, l'espace est mouvant, multiple ou devient **« virtuel ».** Dans la mesure où les frontières du système-projet sont constamment reconfigurées, elles sont quelquefois difficiles à situer avec précision. Quelquefois aussi, cet espace semble se disperser ou exploser et ainsi faciliter une forme « d'essaimage ». C'est la caractéristique des équipes « distribuées ».

Il est intéressant de percevoir la logique évolutive de l'espace qui, partant de rien, se crée, s'affirme, s'ouvre puis enfin se disperse, en faisant presque corps avec les différentes étapes du système-projet.

Un tableau synthétique

Le tableau synthétique ci-dessous reprend l'ensemble de ces indicateurs.

TABLEAU SYNTHÉTIQUE DES INDICATEURS

DÉBUT	MILIEU		FIN

Phase : CONCEPTION	CONSOLIDATION	EXPANSION	DISTANCIATION
Style de direction :			
DIRECTIF	INFORMATIF	PARTICIPATIF	DÉLÉGATIF
Incompétence	Incompétence	Compétence	Compétence
Motivation	Démotivation	Démotivation	Motivation
Espace :			
FERMÉ	TERRITORIAL	PARTAGÉ	VIRTUEL
Temps :			
INTROVERTI	LINÉAIRE	EXTRAVERTI	MULTIPLE
Urgent	**Important**	**Ni urgent**	**Important**
Pas important	**Pas urgent**	**Ni important**	**Pas urgent**
Relations :			
SEUL	PAIRE	GROUPE	INTER-GROUPES
Espace :			
Secret	Territorial	Ouvert	Éclaté

103

L'ACCOMPAGNEMENT
DES PROCESSUS DE DEUIL

En deuxième partie de ce livre et au cours des chapitres suivants, nous souhaitons présenter dans plus de détails *l'autre* courbe de transition. Celle qui concerne le parcours plus difficile et plus douloureux, comme souvent plus personnel, qui consiste à vivre une rupture *obligée*, une transition *imposée*.

Cette deuxième dynamique de transition est vécue de façon beaucoup moins positive, même si elle n'est pas une fatalité. La courbe qui la symbolise représente la manière dont les personnes et les organisations vivent leurs ruptures, des plus anodines aux plus profondes.

Pour prendre un exemple professionnel courant, lors de nombreux changements d'affectation de leaders, il est habituel de constater que les équipes qui subissent ces évènements vivent la rupture dans le doute, des difficultés d'adaptation, *et* font souvent face à de nombreuses démissions. Il s'agit là d'indicateurs qui signalent qu'une transition est vécue de façon plus « négative » que lorsque ces mêmes acteurs vivent l'évolution naturelle et positive d'un système-projet perçu comme constructif.

Aussi, il est important de souligner que lors de ruptures négatives comme dans l'exemple cité ci-dessus, les acteurs les plus directement concernés sont presque systématiquement *tenus à l'écart* des décisions de changement. Ils sont peu ou pas informés, en tous les cas de façon officielle. Quelquefois même, et sous couvert de « protéger le système », la ou les personnes principalement intéressées par une mutation importante seront les dernières à l'apprendre.

Les ruptures imposées

De fait, il nous semble que ce qui met en œuvre une dynamique de transition négative ou un processus de « deuil », *à n'importe quelle phase* d'une courbe de système-projet, c'est l'absence de participation des acteurs. C'est cette absence de communication ou de dialogue qui semble provoquer la perception du caractère *imposé* d'un changement.

© Éditions d'Organisation

Lorsque les acteurs d'un système-projet apprennent seulement à la dernière minute que des changements majeurs et imposés auront lieu dans des domaines qui les touchent de près, leur réaction normale et prévisible est négative. Cette réaction immédiate est souvent affective et peut quelquefois même être violente. Elle n'apparaît presque exclusivement que lorsque des acteurs sont mis devant le fait accompli d'un changement ou d'une mutation imminente sans temps de préparation, et surtout, sans avoir l'occasion de participer à la définition du changement qui les concerne. Cette « négation » de leur qualité *d'acteur* entraîne souvent la rupture du pacte qui les lie au système-projet. Cela rompt aussi le cycle « vertueux » ou constructif d'évolution d'un système-projet pour le propulser dans une dynamique plus négative.

En effet, un changement *imposé* peut interrompre la courbe normale d'un système-projet, et ceci au cours de n'importe quelle étape d'évolution : en phase de Conception, de Consolidation, ou de Maturité. La courbe normale d'évolution présentée en première partie de ce livre est alors stoppée nette, et le système-projet entame un processus de deuil, lié à la perception du caractère imposé d'une « mort prématurée ».

À nouveau, dans presque tous les cas de processus de « deuil », nous observons que la présence d'une « négation » vécue par les acteurs concernés est un facteur presque constant. Soit de leur propre chef et par aveuglement, soit de façon imposée par l'environnement, les personnes sont mises dans l'obligation de perdre leur qualité d'acteurs et sont obligées de « subir » une transition imprévue, non souhaitée, et donc presque obligatoirement perçue comme négative. En tant qu'acteurs, ils se sentent proprement disqualifiés.

En raison de la disqualification implicite des acteurs par une rupture imposée, le système-projet bifurque et suit presque automatiquement « l'autre courbe », complètement différente et négative, le processus de « deuil » que nous détaillerons dans les chapitres qui suivent. Cependant, restons encore un instant sur cette phase critique, qui souvent peut être évitée, en tous les cas mieux gérée.

Le refus

À l'annonce imprévue, même plausible, d'une mauvaise nouvelle ou d'un changement prochain et inévitable, la première réaction immédiate et normale est celle du refus de cette information ou réalité. Cette réaction d'incrédulité, de surprise ou de refus est somme toute cohérente avec le caractère désagréable de la nouvelle. Mais surtout, la personne ou le groupe qui exprime ce refus manifeste la surprise de ne plus être acteur ou un « sujet » mais de devenir un « objet » au sein d'un changement qu'il n'a pas choisi ni participé à orchestrer.

« Non ! Ce n'est pas vrai ! Ce n'est pas possible ! » sera donc la réaction habituelle formulée par une majorité de personnes ou de systèmes à qui l'on présente la nécessité d'une rupture non voulue, l'imminence d'une fin non souhaitée ou d'un « divorce » imprévu.

Par le refus, ils réagissent négativement à l'obligation de « subir », et ceci pour tenter de rester les *acteurs* de leurs vies et de leur projet. Dans ce sens, le refus est une réaction saine et existentielle à une invitation d'accepter une proposition de l'environnement comme un « destin » inévitable.

Formellement, tant que la « réalité » d'une rupture n'est pas acceptée, le processus de transition ne peut être considéré comme amorcé. Les personnes concernées refusent d'entrer dans le jeu des mutations « inévitables » présentées comme des fatalités. Les choses restent telles qu'elles étaient dans l'esprit de chacun.

Le plus souvent, suite à quelques preuves irréfutables que cette réalité est imminente ou a bien eu lieu, cette première réaction laisse rapidement la place à la phase suivante caractéristique d'un « processus de deuil » c'est-à-dire la *colère*.

À partir de là, les acteurs ne se perçoivent plus au sein d'un parcours « normal » et « constructif » de système-projet. Ils réagissent à une transition imposée par un environnement qui les empêche justement de continuer à être les acteurs de leur projet et de leurs propres transitions.

Nous proposons ci-dessous un cas qui illustre la différence entre les résultats d'une rupture « imposée », et ceux qui deviennent pos-

109

sibles lorsque les personnes concernées peuvent redevenir des « acteurs » impliqués et responsables de la mise en œuvre d'une même transition.

Un cas de déménagement

La direction générale d'une entreprise provinciale performante, en forte croissance grâce à plusieurs acquisitions successives, se rend compte qu'elle ne pourra plus avoir les moyens de ses ambitions si elle ne déménage pas ses équipes de direction de la petite ville « berceau » de ses origines, pour un siège plus stratégique au beau milieu d'une capitale internationale.

Fort de ce constat soutenu par plusieurs études approfondies, le comité de direction se prépare donc à amorcer ce changement stratégique. Cette équipe est bien consciente, toutefois, que le déménagement provoquera de nombreuses difficultés au sein du personnel de l'entreprise.

Le déménagement les obligera tous à faire un choix difficile entre d'une part une qualité de vie exceptionnelle et d'autre part l'attrait d'un projet professionnel d'une nature plus hautement compétitive et satisfaisante. Ce choix se présente aussi avec son lot inévitable de difficultés d'adaptation des familles, de stress professionnel et d'embouteillages.

Malgré les efforts de confidentialité, de nombreuses rumeurs commencent à circuler. Elles concernent bien entendu l'imminence d'un déménagement, mais aussi d'une restructuration dont l'objectif est, en douce, sinon en douceur, d'alléger certaines structures ou d'évincer le personnel « non mobile », inadaptable, voire plus âgé. Le peuple gronde, et le risque de perdre d'excellents collaborateurs devient de plus en plus réel. L'ambiance au siège provincial devient de plus en plus lourde, la qualité du travail s'en ressent et les clients en subissent de nombreuses conséquences.

Avec l'aide d'un coach d'équipe et pour accompagner « autrement » cette transition difficile, le patron de l'entreprise décide alors de réunir ses cadres supérieurs en organisant une réunion de travail qui comprend les quarante collaborateurs « clés » de son organisation.

Lors des deux jours réservés à cette séance de travail collectif, le patron décide de jouer « cartes sur table ». Il annonce à ses cadres les raisons stratégiques qui ont motivé son choix difficile, puis il demande personnellement à chacun de travailler pour assurer cette transition organisationnelle de la façon la plus professionnelle possible.

Il annonce par ailleurs qu'il respectera chacun des choix personnels faits par les uns et les autres. Il s'engage publiquement de faire en sorte que personne ne sorte perdant de cette transition, en soulignant toutefois son souhait personnel que tous envisagent sérieusement d'accompagner cette « mutation » qu'il considère comme hautement stratégique.

Le reste des deux jours est organisé de façon à permettre à chacun de préparer le déménagement collectif au sein de divers sous-groupes à configurations variables, homogènes, par départements, ou transversaux pour travailler sur les interfaces.

L'objectif de travail des différents sous-groupes est de faire un inventaire des difficultés prévisibles et de bâtir des plans d'action qui pourront assurer les objectifs stratégiques et les résultats opérationnels de l'organisation. Il faut en effet qu'elle profite de cette transition pour réellement changer de dimension.

Les cadres sont rapidement aspirés par cette dynamique positive qui les inclut dans le processus de transition, et mettent collectivement leur énergie au service de la décision, dans une ambiance beaucoup plus positive, constructive, optimiste et professionnelle.

La morale de cette histoire repose sur le changement de position offert par le directeur général aux cadres supérieurs de l'organisation. Lors de la phase initiale et « confidentielle » marquée par de nombreuses rumeurs, les acteurs clés du système-projet sont invités à « subir » une transition, de ce fait perçue comme une rupture qui sera imposée. Tout naturellement, ils vivent la situation de façon négative, comme une rupture du contrat qui les lie à leur entreprise, comme une véritable trahison.

Notons cependant que cette stratégie « confidentielle » de la part de la direction est relativement courante lorsqu'il s'agit de transitions importantes. Elle est motivée sans doute par un souci protecteur, le souhait de préalablement régler tous les détails difficiles, l'envie d'assurer la pérennité du système, de retarder le moment de confusion collective et toutes les réactions personnelles prévisibles.

Mais de toute évidence, ces « bonnes » raisons ne font qu'amplifier le problème. Lors de cette première phase, il est à souligner que plus l'annonce du changement est retardée, plus le leadership perd le contact avec son personnel et plus il perd l'initiative.

Dans notre exemple, dès que le leader met les cartes sur la table et invite ses collaborateurs à redevenir « acteurs » du processus de transition, une grande majorité change d'attitude. Réintégrés dans le contrat qui les lie à leur entreprise, ils peuvent faire leurs choix et les assumer de façon beaucoup plus transparente, positive et constructive. De son côté, le patron aussi reprend l'initiative et refait « corps » avec le personnel de son entreprise.

La disqualification réciproque

De la même façon, lorsqu'une personne refuse, incrédule, l'information que par exemple, son appartement a été cambriolé, c'est surtout qu'elle refuse d'être reléguée au rang « d'observateur » impuissant alors qu'elle est obligée d'accepter un changement radical au sein de son domicile. Alors qu'elle s'est toujours perçue comme « actrice », elle se trouve soudain dépossédée de sa capacité de libre arbitre et elle réagit.

Cette réaction « de négation » est naturelle et presque prévisible pour bon nombre de changements imposés tout au long de nos vies et de l'évolution de nos systèmes-projets. De fait et lors d'une interaction doublement disqualifiante, si l'existence d'une information qui fait état d'un changement imposé nie la nature d'acteur, l'acteur décide à son tour de nier l'existence même de l'information.

L'INFORMATION :		L'ACTEUR :
DISQUALIFICATION DE L'ACTEUR	→ ←	DISQUALIFICATION DE L'INFORMATION

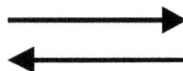

Il est ici utile d'envisager d'un peu plus près cette dynamique classique de refus, surtout si celle-ci s'installe pour une période plus longue. Il arrive par exemple qu'elle dure assez longtemps en dépit des « preuves » fournies par l'environnement.

EXEMPLES

Nous avons tous entendu parler :

- du retraité qui, tous les matins, refait le trajet jusqu'à son ancienne entreprise, comme s'il y travaillait encore ;
- du cas de la famille qui préserve en l'état la chambre d'un membre disparu et qui reste d'autant plus présent au sein de leur vie quotidienne ;
- de l'histoire des salariés d'une usine que les ouvriers occupent en s'obstinant à faire tourner les machines, alors que leur organisation est mise en faillite…

Sans parler de ces illustrations extrêmes, il arrive bien souvent que le travail d'accompagnement de transition « négative » ne puisse pas véritablement commencer parce qu'en dépit de tous les indicateurs fournis par l'environnement, les acteurs ne veulent pas concrètement considérer que la rupture qu'on leur impose a vraiment eu ou, même, n'aura jamais lieu. Niant les évidences, ils refusent obstinément de tenir compte d'une « réalité » définie par d'autres et qu'ils ne peuvent ou ne veulent encore accepter.

Cependant, pour les leaders, consultants et coachs, et même pour l'environnement, le jeu de la « réalité » est quelquefois difficile à situer de façon sûre. Un patron qui s'obstine à se battre pour un objectif que tout le monde considère comme inatteignable a peut-être justement raison. Si à terme il réussit malgré l'opinion publique négative, il sera habituellement considéré comme un vrai « leader ».

La négociation utile

Ne pas accepter l'évidence d'une transition ou d'une rupture imposée est peut-être synonyme de refuser de « baisser les bras ». Les faits donnent quelquefois raison aux quelques individus qui continuent à se battre jusqu'à sauver une situation que tous s'accordent à classer parmi les causes perdues.

EXEMPLES :

- Un collectif de cadres et d'employés décide de se mobiliser pour racheter et sauver leur entreprise destinée à la casse ;
- Un individu en phase terminale d'une maladie « incurable » change tout dans sa vie et, contre toute attente, guérit.

Ne nous trompons pas. Dans les exemples que nous pouvons citer, la transition radicale de l'entreprise ou de la personne concernée aura lieu en suivant des étapes de transition similaires mais pas identiques. La lutte acharnée « contre » la rupture imposée aboutit aussi à une transition majeure, à la différence près que, pour les acteurs, cette transition ne sera tout simplement pas perçue comme « subie », mais voulue.

EXEMPLES (EN RETOUR SUR LES EXEMPLES CI-DESSUS) :

- Le collectif de cadres et d'employés deviendra propriétaire de son entreprise et lui dessinera un nouvel avenir, radicalement différent ;
- L'individu « miraculé » change tout dans sa vie, fait ce qu'il a toujours rêvé de faire, et vit le reste de ses jours totalement autrement.

Même si pour l'environnement la transition n'est pas synonyme d'un processus « de deuil » tel que celui-ci est habituellement défini, les personnes concernées passent assurément par un chemin qui lui ressemble, de transition radicale.

En effet, dans ce type de transition caractérisée par le « refus » d'une évidence, la première phase de « colère » est généralement traduite en « rage de vaincre ». La dynamique mise en œuvre ressemble souvent à une phase de Distanciation beaucoup plus ouverte à l'environnement, avec une recherche « tous azimuts » de solutions aussi créatives qu'elles sont radicales.

Le processus qui s'ensuit saute peut-être la phase habituelle de tristesse pour préparer et mener à leur terme, la *peur* au ventre et seul face au monde, les négociations souvent difficiles qui permettent de poser les bases personnelles ou juridiques et financières d'un nouveau système-projet. Cette dernière étape peut fortement ressembler à la phase de Conception d'une dynamique active de mise en œuvre d'un nouveau projet.

Enfin, la signature de l'acte de naissance ou de « renaissance » de la personne ou de l'entité ainsi sauvée mettra un terme au processus de transition difficile, même si personne ne l'a perçu ou vécu comme un « deuil ».

© Éditions d'Organisation

En fait, il s'agit peut-être plutôt du « cercle vertueux » présenté au cours du chapitre 4 qui concerne le lien entre la phase de Distanciation et celle de Conception.

LE « CERCLE VERTUEUX » DES TRANSITIONS

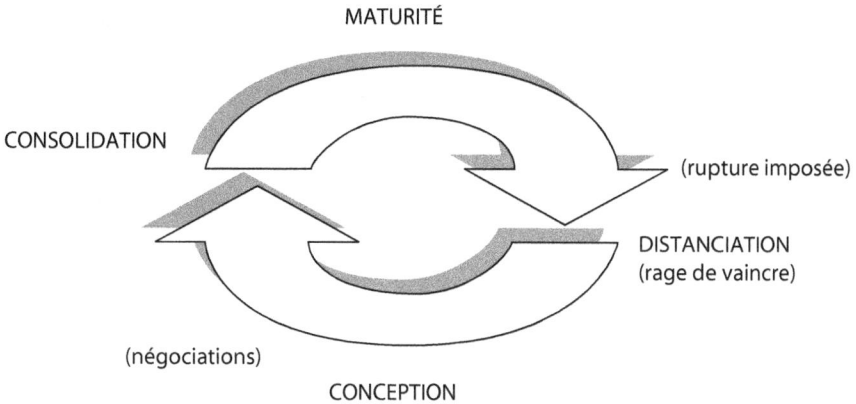

MATURITÉ

CONSOLIDATION

(rupture imposée)

DISTANCIATION
(rage de vaincre)

(négociations)

CONCEPTION

Les expériences de combats apparemment perdus d'avance mais miraculeusement réussis servent souvent de modèles exemplaires d'une volonté de vaincre. En les examinant de plus près, nous pouvons constater que l'intensité des émotions est presque la même que lors d'un travail de « deuil » plus classique caractérisé par l'imminence possible d'une perte plus mesurable « à la clef ». Mais la courbe elle-même est beaucoup plus proche de celle d'une renaissance dans une recherche active pour passer d'une fin imposée à un renouveau, porté par un projet innovant et mobilisateur.

Cela nous indique qu'au sein d'équipes et d'entreprises, les périodes de transitions « difficiles » peuvent être à l'origine de la recherche d'un leader charismatique et salutaire ou de managers solides et rassurants. Au niveau collectif, elles peuvent faciliter la création d'une solidarité combative face à l'adversité et être par la suite à l'origine de récits « héroïques » évoqués avec fierté lorsque la tempête est passée.

Quelquefois, les collectifs en difficulté attendent qu'un leader plus ou moins messianique les inspire et les tire d'affaire. Dans ce sens, les périodes de mutation proposent des opportunités pour ceux qui savent les saisir, soit parce qu'ils savent agir pour calmer les peurs et apaiser les angoisses, soit parce qu'ils offrent une nouvelle réponse créative et plausible à un besoin émergeant.

Ces phénomènes illustrent qu'en période de transition, tout peut devenir possible. Les idées reçues sont balayées, le confort des habitudes est bousculé, les langues de bois optent pour un silence plus fertile, les réponses toutes faites sont remplacées par des questions ouvertes. Le meilleur comme le pire peuvent apparaître mais, en tous les cas, les rails de la prévisibilité d'une vie personnelle ou professionnelle bien ordonnée peuvent disparaître et laisser le champ à un nouvel espace du possible, quelquefois radicalement différent.

Le refus illusoire

D'autres exemples de « refus » peuvent cependant nous illustrer un résultat contraire. Nous avons tous connu des personnes et des organisations qui s'obstinent à poursuivre une trajectoire définie alors que tous les indicateurs virent au rouge et indiquent la nécessité urgente d'une remise en question fondamentale. Et malheureusement, nous avons été les témoins impuissants de la lente dégradation de la situation qui progressivement et inexorablement a glissé vers son destin prévisible. Il faut quelquefois savoir se préparer à jeter l'éponge.

EXEMPLES :

- En cherchant la solution miracle, d'un système de santé à l'autre, une famille lutte sans succès pour sauver un des siens ;
- En dépit de toutes les analyses commerciales et financières, un dirigeant s'obstine à garder sur le marché un produit voué à disparaître ;
- Malgré une décision difficile mais courageuse, les employés d'une unité luttent pour préserver un site de production réellement inadapté aux réalités économiques.

Dans ces cas, nous pouvons penser que le déni ou le refus de prendre en compte les informations et les indicateurs fournis par l'environnement provoqueront à terme et chez les « acteurs » une rupture encore plus brutale. La transition, voire la rupture que les personnes concernées veulent justement éviter sera d'autant plus dure qu'elle est refusée ou reportée pendant trop longtemps.

Ce processus de négation ou de disqualification d'informations importantes peut intervenir à n'importe quel moment du parcours d'un système-projet. Quelquefois, une équipe en phase de Consolidation refuse de prendre au sérieux la nécessité d'apprendre à mieux gérer ses interfaces, et elle se fait balayer par sa concurrence. Quelquefois, c'est au cours d'une période de Maturité qu'un système-projet oublie de tenir compte d'informations financières alarmantes en continuant à mener des stratégies de politiques d'influence comme si de rien n'était, et découvre subitement qu'il faut mettre la clef sous la porte.

Peut-être que certaines personnes et certains systèmes ne savent changer que tardivement, brutalement et dans la douleur. Nier une réalité est peut-être aussi une façon de faire en sorte que celle-ci finisse par nous rattraper et nous oblige à changer.

Cela dit ces exemples démontrent que l'on ne peut jamais être sûr de la « réalité » inévitable d'une situation de transition telle qu'elle est définie soit par un acteur individuel ou collectif, soit par son environnement.

EXEMPLES :

- Le refus d'un client de voir, d'entendre et d'accepter la réalité d'un évènement perçu par tous comme « inéluctable » est-il sain ou preuve d'un aveuglement têtu ou opiniâtre ?
- L'acceptation d'une transition apparemment « inexorable » est-elle une preuve de maturité, ou tout simplement une opportunité facile pour chacun de « baisser les bras » dans un pessimisme qui finira par s'auto-confirmer ?

Le choix du leader n'est pas souvent facile dans ce type de situation, d'autant plus qu'il y aura toujours des personnes dans l'environnement pour se poser en contestation ou en opposition de ses décisions. La « recette » sera bien entendu de prendre du recul par rapport au contenu de la situation, et de bien manager les *processus* au sein de l'équipe qu'il dirige et avec l'environnement.

Le rôle du coach en accompagnement de transitions n'est pas non plus lié à l'accompagnement de telle ou telle « Réalité » avec un grand « R » perçue par les uns ou les autres. Sans jugements de valeurs, il s'agit plutôt d'accompagner, la « réalité du client » individuel ou collectif, intimement liée à sa façon toute personnelle de cheminer au sein de son système-projet.

De plus, nous constatons très souvent que le client individuel ou collectif sait confirmer, et *c'est son droit*, que *sa* réalité finit bien par avoir raison des « faits » des uns et des autres.

La transition « transformation »

N'oublions pas qu'il est primordial de savoir garder un regard positif sur les transitions « négatives ». Si chaque personne, leader ou système collectif porte en lui le rêve idéal et peut-être impossible du changement progressif dans le cadre d'une évolution tranquille, sans déséquilibres majeurs ni surprises perturbatrices, l'avènement « malheureux » d'une rupture ou d'une remise en question, puis de la transformation permet, tel pour le phénix, de renaître de ses cendres afin d'être et d'agir autrement.

Les transitions difficiles permettent souvent des transformations radicales. C'est-à-dire que pour passer d'un état stable à un autre, mais de qualité différente, il est quelquefois nécessaire de passer par ces périodes de rupture ou de « vide » qui rendent la transformation possible. Il est en effet bien souvent trop difficile de réellement changer d'état sans passer par un véritable « sas » synonyme de rupture.

C'est ce « vide » intermédiaire et inconfortable qui permet la déstructuration puis la recomposition dont résulte un nouvel état stable, perçu comme différent dans sa nature intrinsèque. Donc sans ruptures profondes, point de réelles transformations.

Si ce phénomène est souvent évident à titre personnel, il gagne à être suivi au niveau des équipes et des organisations. À l'image des entreprises dont le succès reposait sur leurs compétences dans la photographie « argentique » et qui ont dû accepter une rupture radicale avec leur passé d'ingénieurs chimistes pour se transformer en entreprises numériques, l'avenir d'ensembles collectifs ne peut être assuré que s'ils acceptent de tout remettre en question jusqu'à leur identité fondamentale et tous les modes opératoires à l'origine de leur succès historique. Cela passe presque obligatoirement par l'inconfort d'une réelle période de rupture.

Ces réflexions sur le rôle de la « négation » ou du refus dans l'interface entre un parcours d'accompagnement des transitions de systèmes-projets et un processus de rupture plus brutal et souvent utile nous mènent tout naturellement à la nécessité de nous pencher de plus près sur leur accompagnement lors de leurs « processus de deuil ».

La transition vécue comme un « deuil »

Les études sur les processus de deuil[1] nous enseignent qu'après une rupture subie ou imposée, la période de transition est constituée de plusieurs étapes distinctes, presque prévisibles et consécutives. Ce sont les qualités intrinsèques de ces différentes étapes qui nous permettent de mieux digérer une rupture afin de bien nous préparer à vivre un nouveau projet constructif, une entreprise positive et différente. Dans le détail, ces étapes ont été répertoriées :

1. Pendant ou immédiatement après une rupture, la réaction caractérisée par le refus ou la négation de la réalité du changement est généralement suivie d'une étape colérique qui se manifeste quelquefois par son lot de sentiments et d'actes de violence dirigés contre l'environnement.

2. Ensuite arrive une période de tristesse, habituellement partagée avec un entourage plus restreint. Elle est empreinte de mélancolie, de souvenirs et de regrets d'un passé souvent embelli tel un « paradis perdu ».

---
1. Voir Élisabeth Kübler-Ross.

Processus de deuil

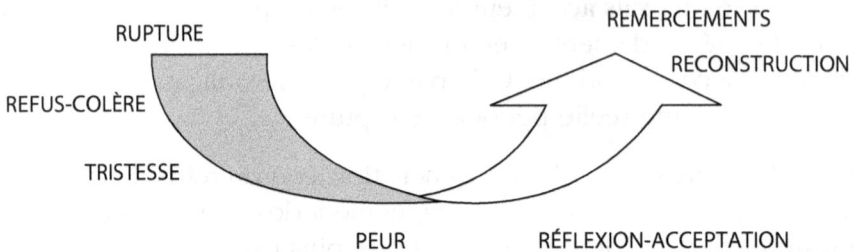

3. La période suivante, et plus solitaire encore, véhicule la peur de l'avenir incertain et se manifeste par un « plongeon intérieur » ou un repli sur soi, caractérisé par des sentiments d'abandon et une angoisse de ce futur peut-être possible mais encore indéfini.

4. Suit encore une période moins émotionnelle et plus pragmatique, qui permet l'inventaire et/ou la recherche et la négociation de moyens qui pourraient éventuellement servir à assurer le présent immédiat, voire un début d'avenir.

5. La dernière étape est enfin celle de l'acceptation du changement. Elle porte en elle les germes d'une nouvelle construction, l'espoir, voire l'impatience d'un nouveau départ pour un projet souvent porteur d'une identité différente.
Un nouveau projet salutaire, une nouvelle construction innovante, un autre départ motivant pour repartir de bon pied vers un autre horizon ou une nouvelle aventure permet au client individuel ou collectif de se « récupérer » plus rapidement, de guérir, de sortir enfin du « trou » que peut représenter l'ensemble de la période de transition.
C'est ainsi que la dernière phase d'un processus de deuil vécu à terme prépare la suite, c'est-à-dire une sorte de (re-) naissance, une reconstruction, un nouveau projet, une identité différente.

6. Enfin, quelquefois beaucoup plus tard, lorsque cette nouvelle aventure permet un vécu à nouveau positif, nous constatons souvent une attitude de « remerciements » ou de pardon qui

consiste à faire un bilan très positif de la période de transition sans laquelle le renouveau n'aurait pas eu lieu, la nouvelle construction n'aurait jamais vu le jour.

Ce n'est quelquefois qu'à cette ultime étape qu'une personne ou un groupe prend enfin conscience de l'importance du parcours de transition qu'elle vient d'effectuer. Il faut presque en être sorti pour avoir suffisamment de recul, en prendre conscience et l'apprécier.

Selon ce modèle, les étapes de « processus de deuil » sont presque prévisibles, quelquefois dans le désordre, avec des variantes selon les personnes et les systèmes. Au fil de nombreuses expériences personnelles et collectives, ce modèle définit relativement bien les difficultés quelquefois lourdes à assumer par les personnes et équipes concernées, et le soulagement, sinon le plaisir à définir une nouvelle trajectoire dans un nouveau paysage, suite à la transition.

Ce modèle de transitions négatives provoquées par des ruptures « lourdes » et vécues de façon difficile évoque aussi l'intérêt d'une réflexion sur les types de leadership comme sur d'autres formes d'accompagnement adéquates au niveau *individuel* et collectif. En effet, lors d'un grand nombre de ruptures de systèmes-projets, les systèmes collectifs explosent, se dissolvent ou ne remplissent plus leur fonction de support ou de soutien. Pour compenser leur défaillance, il devient souvent nécessaire d'envisager d'autres formes de suivi ou d'accompagnement plus individuel et personnalisé tels l'outplacement, le bilan de compétences, etc.

Le processus solidaire ou solitaire

Alors qu'ils sont souvent évidents lors de ruptures personnelles, et par conséquent souvent mieux gérés, soulignons que si les processus de rupture ou de deuil caractérisent aussi les étapes de transition de systèmes collectifs, ils peuvent et doivent être gérés à ce niveau.

Cela peut avoir lieu lors de la fermeture d'une usine, lors de la restructuration d'une organisation, avec leur lot de pertes d'emplois, lors du changement de régime d'un pays, lors de la finalisation d'un projet important et mobilisateur, lors d'un déménagement familial ou du réaménagement des locaux d'une entreprise, lors du départ puis du remplacement d'un leader historique ou charismatique.

L'avènement de ce genre de transition est en effet vécu par un collectif de façon équivalente aux transitions plus personnelles qui concernent les « ruptures » subies par des individus. C'est dans le cas collectif que le rôle d'accompagnement d'un leader ou d'un coach « d'équipe » devient primordial. Il n'en demeure pas moins que chaque personne peut vivre une expérience de « deuil collectif » de façon tout à fait personnelle et peut sentir l'utilité d'un accompagnement personnalisé.

Que cela soit à titre individuel ou collectif, nous proposons d'explorer étape par étape le détail de ces transitions « difficiles », et de présenter ce qui semble être les stratégies d'accompagnement les plus appropriées dans les pages qui suivent.

CHAPITRE 6

La phase de Réaction

Comme nous l'avons présenté lors du chapitre précédent, un processus de deuil fait souvent suite à une « négation ». Il s'agit d'un refus de percevoir ou d'accepter une information importante fournie par la « réalité » environnante qui remet en question tout le cadre de référence d'une personne ou d'un collectif.

Cette « négation », éventuellement considérée comme « saine », apparaît aussi lorsqu'un système individuel ou collectif est invité à « subir » une situation de changement radical ou une rupture. Un individu se sent subitement « obligé » de ne plus être « acteur » au sein de son parcours ou maître de son projet.

En refusant l'information, la personne ou le système refuse ou reporte une possibilité de rupture et manifeste le choix de rester maître des évènements, et plus particulièrement de son projet, en prétendant que rien ne s'est passé, que rien ne change, qu'elle peut continuer à vivre ou agir comme avant comme si de rien n'était. Typiquement, c'est la période où elle dit « non, vous plaisantez », « ce n'est pas possible », « ce n'est pas vrai ».

Lorsque malgré lui, l'acteur en question prend enfin acte de la réalité d'une nouvelle situation ou d'une rupture, la première phase normale et apparente d'un processus de deuil ou de transition « négative » est celle de « Réaction ».

Lors de cette phase, le sujet individuel ou collectif prend activement compte d'une nouvelle réalité imposée, et réagit immédiatement et avec force à la fois contre son avènement et contre la disqualification de son propre statut d'acteur. Bien entendu, cette réaction est souvent coléreuse, voire violente.

Tour à tour, la personne ou le groupe concerné peut en effet réagir avec une forme d'énergie affirmative, excessive, timorée ou désespérée. Quelle qu'en soit la forme, la première motivation lors de cette phase consiste à chercher les moyens de rester « acteur » de son parcours ou de son projet alors que l'on se sent obligé de subir des évènements qui nous dépossèdent de notre libre arbitre.

À juste titre, cette phase de Réaction est donc souvent le théâtre de comportements énergiques « de rébellion », de colère ou de violence, à la fois fortement émotionnels et souvent perçus par l'environnement comme contre-productifs, inappropriés ou démesurés.

La Réaction : période de colère

Si cette phase est souvent empreinte de colère, rappelons que quelquefois, celle-ci peut aussi être traduite en « rage de vaincre » lorsque le ou les acteurs refusent justement d'accepter de « subir » une rupture imposée et décident de se battre soit contre les causes soit pour influer sur les conséquences de cette « réalité » inacceptable.

Alors qu'une phase de Réaction « subie » dans la colère, est plutôt dirigée contre un ou plusieurs boucs émissaires tour à tour, la « rage de vaincre » est une réaction énergique plus positive et clairement dirigée vers une recherche de solutions viables et pratiques pour tenter de garder ou reprendre le contrôle des évènements.

Quoi qu'il advienne, ces deux types de comportements en phase de Réaction ont en commun une même base émotionnelle énergique, affirmative et colérique, et sont souvent à l'origine de comportements confus, impulsifs, improductifs, voire incontrôlés. Cette phase du processus de deuil est donc vécue de façon particulièrement animée chez des personnes colériques, chez les profils qualifiés de « soupe au lait », de « sanguins », de « rebelles », ou encore auprès d'individus à personnalité de type « passif-aggressif ».[1]

Résolument déterminées, quoique souvent de façon désordonnée, ces personnes ou les entités collectives qui agissent à leur image réagissent activement « contre » l'environnement responsable de leur problème, de façon hyperactive, bruyante et publique :

✓ soit elles partent activement à la recherche de personnes et d'entités (des « sauveurs ») capables de mettre en œuvre des options de solution immédiates, radicales et, dans la mesure du possible, efficaces à très court terme ;

✓ soit elles trouvent aussi rapidement des boucs émissaires ou autres « responsables apparents » qui leur servent d'exutoires et leur permettent de manifester de façon confuse mais avec énergie ou violence leur désapprobation de la situation.

Bien entendu, il est souvent possible de vivre ces deux approches de façon concomitante.

Lors de cette première phase de transition, le sujet individuel ou collectif est, de fait, entré dans le processus de deuil. Il en reconnaît l'existence et réagit avec violence. C'est en ceci que cette première étape est éminemment utile. Le sujet passe à l'acte, se débat, résiste, cherche les failles exploitables et force les limites de son environnement pour y tester la « réalité » de l'obligation de changer ou d'accepter cette rupture qu'il ressent avec raison comme injuste et imposée.

EXEMPLES :

- L'engueulade avec un gardien d'immeuble qui n'est pas responsable d'un cambriolage ;
- La grève dure lors d'une période économique difficile, qui souvent ne fait qu'empirer le problème de survie d'une entreprise ;

---

1. En PCM ou en Analyse transactionnelle, nous parlerons de personnes sous l'influence du driver « Fais des efforts ».

- Le harcèlement d'un médecin qui très concrètement ne peut rien faire de plus pour guérir un malade en phase terminale ;
- Des insultes lancées à l'attention du personnel de l'aéroport lors du retard d'un avion au départ d'un voyage important.

PHASE DE RÉACTION AU SEIN DES PROCESSUS DE DEUIL

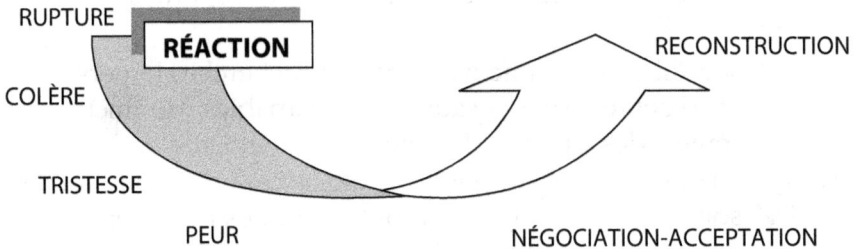

Bien entendu, la colère souvent déplacée et dirigée vers ces boucs émissaires peut causer quelques dégâts matériels, relationnels ou d'image. Elle est toutefois la manifestation claire que le sujet en transition est subitement ancré dans la réalité, prend acte des difficultés réelles et qu'il extériorise ses émotions en réagissant maladroitement. Nous déduisons *donc* qu'il cherche à avancer sur sa trajectoire, même si c'est d'abord en Réaction agressive ou défensive.

L'accompagnement du « sujet » individuel ou collectif en phase de Réaction par un leader ou un coach peut ici s'avérer subtil, voire difficile. En effet, le leader ou l'accompagnateur peut lui aussi rapidement se trouver à la place du « bouc émissaire » et servir d'exutoire aux émotions et comportements violents dus à une situation difficile sans issue apparente.

De toute évidence, la dynamique active, réactive et créative du sujet individuel ou collectif correspond à la face négative de celle que l'on a déjà développée au sein du chapitre concernant la phase de « Distanciation » caractéristique de *la fin* d'une gestion plus positive de projets constructifs. Une dynamique de Délégation est par conséquent souvent la plus utile ou la plus résolutoire pour accompagner cette *première* phase du processus de deuil.

En effet, il est utile de constater que les personnes ou groupes qui vivent une dynamique de Réaction telle qu'elle est décrite ci-dessus manifestent clairement une volonté d'autonomie *dans l'action*, voulant trouver des solutions, passer à l'acte pour changer leur situation sans attendre, et en utilisant tous les moyens qui s'offrent dans leur environnement. Cette dynamique est identique à celle que l'on retrouve en « Délégation » ou en « Distanciation », à la différence près que, sous stress, l'émotion de colère ou de rage principalement manifestée est perçue comme plus négative et peut avoir des résultats plus néfastes.

Les interfaces

D'ailleurs, la phase de Réaction ressemble à celle de Distanciation de plusieurs manières. Elle aussi est caractérisée par une recherche active de personnes ou d'entités dans l'environnement plus large, de *groupe à groupe*, qui seraient à même de fournir une énergie utile et résolutoire. Le comportement souvent désordonné et impulsif des acteurs individuels ou collectifs manifeste une recherche immédiate et créative de solutions, quelles qu'en soient l'origine ou la forme.

EXEMPLES :

- En désespoir de cause, une personne atteinte d'une maladie grave peut se tourner vers l'acupuncture et l'homéopathie, s'essayer à l'amorce d'une thérapie freudienne ou tenter de faire appel aux services d'un rebouteux, entamer des jeûnes radicaux ou encore chercher l'espoir et le renouveau dans la religion ;
- Pour ne pas sombrer dans le désespoir et après avoir tenté des voies officielles, une entreprise en difficulté peut chercher des solutions auprès d'organismes de prêts usuriers, de l'aide, voire du sauvetage fourni par de nouveaux partenaires quelquefois aussi douteux qu'ils sont inconnus, ou auprès de conseillers aussi incompétents que leurs promesses sont alléchantes ;
- Pour ne pas subir les conséquences d'un plan social dévastateur, les employés d'une entreprise s'adressent énergiquement, sinon violemment, à toutes les instances sociales, gouvernementales, politiques et syndicales à même de défendre la stabilité de leurs emplois.

Dans leur recherche de solutions, les acteurs concernés établissent de nouvelles relations en cherchant partout, de groupe à groupe au sein de l'environnement plus large, et quelle qu'en soit l'origine, des responsables quelquefois illusoires, ou de nouveaux systèmes de soutien à même de leur offrir des solutions.

Bien entendu, un accompagnement par un leader ou un coach lors de cette recherche « tous azimuts » peut souvent s'avérer utile. Une bonne dose de discernement et un bon cadrage des actions pour les rendre constructives et les centrer sur des options de solutions viables peut clairement aider un système-projet individuel ou collectif à devenir beaucoup plus efficace.

Le temps

Puisque la démarche de Réaction est résolument multiple et créative, cette approche peut rappeler, à peu de choses près, la perception de temps « *polychronique* » évoquée plus haut et caractéristique de la phase de Distanciation.

Le sujet individuel ou collectif en Réaction, colérique et créatif, saute souvent d'une option perçue comme potentiellement résolutoire à une autre, et une autre encore, ouvrant et développant simultanément de nombreux axes de solution. Cette démarche où *toutes* les actions imaginables sont menées simultanément peut à la fois être synonyme de dispersion comme de créativité extrêmement active.

L'espace

Dans la gestion de l'espace aussi, la phase de Réaction permet aux sujets individuels et collectifs de vivre une ouverture, voire une « explosion » territoriale. Cette phase est caractérisée par une plus grande ouverture vers l'extérieur, quelquefois sans discernement, de multiples déplacements dont de nombreux peuvent s'avérer inutiles. Le tout facilite de nouvelles rencontres, quelquefois sans lendemain.

Ainsi, l'explosion d'un espace auparavant plus limité permet une nouvelle dynamique d'exploration, la découverte de nouvelles connaissances, l'implication d'un environnement beaucoup plus large. Cette dynamique d'ouverture est proche, sinon équivalente à celle de Distanciation.

Ces indicateurs observables lors de la phase de Réaction appellent donc un accompagnement de « Délégation » de la part du leader ou du coach. Il s'agit ici d'accompagner le déploiement d'énergie des personnes ou équipes concernées tout en les aidant à réfléchir et agir avec plus de discernement. L'erreur serait d'essayer d'entraver ou vouloir contrôler cette énergie, ce qui provoquerait une « réaction » de rejet de cette tentative interventionniste limitante.

Stratégies d'accompagnement

Lors des transitions « négatives » et en phase de « colère », il sera donc éminemment utile pour le leader de l'équipe ou le coach de déléguer. Tout en étant présent, il s'agit là de prendre un « profil bas », de ne rien assumer. Il s'agit d'aider les acteurs au sein du système-projet à agir et surtout à verbaliser leurs émotions de colère pour permettre leur « expression » par la parole plutôt que par des passages à l'acte provocateurs, violents ou revendicatifs.

Jusqu'à un certain point et sous contrôle, certains pensent même qu'il peut être utile pour le leader ou le coach d'assumer le rôle de bouc émissaire afin de permettre à la colère de s'exprimer, pour ensuite permettre son traitement.

Sans être trop intrusif, un rôle d'accompagnement peut aussi aider le ou les sujets en processus de deuil à canaliser leurs actions intempestives et désordonnées afin de les rendre plus productives et augmenter leurs chances de succès. Dans la mesure du possible, le leader ou le coach peut faciliter une prise de recul, accompagner les membres du système-projet dans leur retour à la sagesse, aider à calmer et à mieux diriger leur « jeu » réactif. Dans ce sens, l'accompagnement d'un client

129

individuel ou collectif qui manifeste une « rage de vaincre » consistera plutôt à l'aider à faire des synthèses, à mieux s'informer, à faire des choix judicieux avec un maximum de discernement.

Une autre stratégie, enfin, sera d'amener progressivement les membres du système-projet à faire face à l'émotion sous-jacente que peut cacher leur colère : la profonde tristesse face à une perte ou une rupture pour laquelle ils ne s'étaient pas préparés.

Le cas de fermeture

Dans le sud-ouest de la France, les habitants d'une petite ville viennent d'apprendre que l'usine principale qui fait vivre pratiquement toute la population locale est désignée pour être fermée. Cette décision radicale est prise par le groupe international qui l'avait achetée quelques années plus tôt. Dans le cadre d'une restructuration de toute leur activité européenne due à l'évolution du marché international, ce groupe se voit « contraint » d'arrêter la production de cette usine trop archaïque et décentralisée.

Depuis six mois déjà, les rumeurs sur une possibilité de fermeture vont bon train, mais personne ne veut y croire. La confirmation des mauvaises nouvelles par les journaux nationaux prend tout le monde de court et fait l'effet d'une bombe.

La réaction immédiate des salariés et de la population locale ne se laisse pas attendre. Protestations des élus régionaux, occupation de l'usine par les salariés, réunions syndicales, grèves sauvages, manifestations locales, voyages organisés sur Paris pour protester, contestation publique des choix stratégiques de la direction, et séquestration du directeur de l'unité perçu comme le premier représentant de la direction font pêle-mêle la « une » des journaux locaux et nationaux.

Un accompagnement des élus locaux, du directeur et des administrateurs de l'unité, et des responsables des pouvoirs publics permet à chacun de ces boucs émissaires potentiels de faire la différence entre la colère dont ils sont l'objet et leur réelle responsabilité dans la débâcle. Grâce à cet accompagnement, ils sont préparés à comprendre le rôle qu'ils jouent malgré eux au sein du processus justifié de deuil collectif.

> Un autre travail de formation, dans un premier temps, et ensuite de coaching auprès d'une partie de l'encadrement de l'entreprise permet aussi à chacun de prendre conscience de ce qui est en train de se vivre au sein des mouvements de foule lors de cette période d'expression « violente ». De plus, cet accompagnement de la période de Réaction permet surtout de bien préparer la suite des évènements.

Options d'accompagnement

Démarche

Lors de cette période, il est utile d'apprendre au client individuel ou collectif à faire une chose à la fois, et si possible à aller jusqu'au bout avant d'entreprendre autre chose. Il s'agit de l'aider à établir des priorités dans ses actions afin de rendre celles-ci plus efficaces et centrées sur des résultats plutôt que de déverser son « ras-le-bol » émotionnel et réactif.

Créativité

Le client individuel ou collectif déploie beaucoup de créativité. Cela dit, cette créativité débridée sert aussi souvent de stratégie d'évitement. Il est donc utile d'aider le sujet à rétrécir et concentrer ses domaines d'action. Quelquefois, une aide pour déterminer quand et comment déléguer à quels collaborateurs ou membres de l'entourage peut s'avérer utile, surtout si ces relais sont moins émotionnellement affectés par la rupture imposée, et mieux organisés et structurés.

Contrôle

Bien entendu, les acteurs en phase de Réaction manquent souvent de contrôle, de limites, de méthodes, de procédures. De même, ils n'aiment pas être contrôlés ou se contrôler. Au contraire, ils apprécient l'imprévu, voire ils le provoquent. Apprendre à mettre en place des méthodes de contrôle, des procédures ou des outils pourrait leur être d'une grande aide.

Il est donc utile de travailler sur la mise en place de méthodes simples et de systèmes de suivi que les personnes concernées pourront mettre en œuvre sans trop d'efforts. Aider à penser ou repenser l'ordonnancement de l'emploi du temps.

Reconnaissance

Les acteurs de systèmes-projets en phase de Réaction ont un besoin urgent et immédiat d'être reconnus, surtout dans leur sentiment d'injustice. Malheureusement, ils ont tendance à réclamer cette reconnaissance avec tellement d'énergie revendicatrice qu'ils n'aboutissent souvent qu'à obtenir une reconnaissance négative, voire un rejet, ce qui n'arrange rien.

Objectifs

C'est difficile d'atteindre des objectifs sans suivis. Apprendre à se centrer et à développer quelques méthodes de mesure des progrès et des résultats plutôt que de se concentrer sur l'action revendicatrice. Cela se révèle souvent très utile.

Équilibre de vie

Pour ces acteurs, la démarche émotionnelle devient presque excitante, et cette excitation peut provoquer en retour une perpétuelle réactivité déstructurée. Leur vie devient trop variée, parfois complexe au point de devenir confuse.

Ils se déplacent trop, souvent d'ailleurs afin d'éviter ou de fuir leurs problèmes personnels et familiaux ou leur réalité personnelle. Il leur faut être prudents avant de s'envoler avec énergie vers une nouvelle cible trop séduisante, afin d'assurer le peu de stabilité qui reste au sein de leur cadre plus personnel ou familial.

Relations

Puisque les acteurs en phase de Réaction ne tiennent pas toujours leurs engagements, la multiplicité de leurs liens relationnels risque de devenir difficile à préserver. Aider à clarifier les attentes et travailler sur des contrats de relations suivies et orientées vers des résultats précis peut aussi être très utile.

Par ailleurs, lors de cette phase, les acteurs deviennent difficiles à joindre car trop souvent en déplacement ou absents. Aussi auront-ils tout intérêt à établir des relais de communication sûrs avec des interlocuteurs stables et bien choisis pour leur attitude calme, réfléchie et persévérante.

Priorités

Les acteurs en phase de Réaction ont besoin d'apprendre à prendre un peu de distance par rapport à leur tendance réactive à court terme. Il est utile de les aider à prendre du recul, prendre leur temps, planifier et s'en tenir au plan. Il est utile aussi de les accompagner dans leur apprentissage à satisfaire, au moins en partie, leurs propres besoins personnels immédiats.

CHAPITRE 7

La phase de Commémoration

La phase de Commémoration suit et repose sur celle de Réaction. Par sa nature, elle est aussi essentielle lors de tout processus de deuil. Il ne s'agit donc surtout pas de tenter de l'éviter, de la contourner, ni de la raccourcir. Comme la précédente et les suivantes, elle permet une forme de maturation des personnes concernées par le processus de deuil, et mérite d'être bien accompagnée.

De plus, la phase de Commémoration est généralement considérée comme beaucoup plus facile à accompagner par l'environnement des acteurs concernés, par un leader ou encore par un coach. En effet, cette étape des processus de deuil est considérée comme plus « normale », c'est-à-dire socialement plus acceptable, à la fois par les acteurs individuels ou par le groupe en transition et par leur environnement personnel et professionnel.

Les personnes et équipes concernées par le processus de deuil sont ici moins coléreuses ou revendicatrices, moins actives ou agitées, voire moins violentes. Lorsqu'elles expriment leurs besoins, ce sera donc plus posément ou calmement, même si c'est encore avec une certaine intensité émotionnelle, positive ou négative.

Sans danger, l'environnement peut se permettre d'être plus présent et jouer un plus grand rôle d'écoute et de véritable soutien. Si une personne, un leader ou un coach peut offrir un accompagnement, il y a ici bien moins de risques de se retrouver subitement dans la position du bouc émissaire, responsable de tous les « maux ». Comme après la tempête, le jeu se calme. De ce fait, cette phase est souvent plus facilement assumée ou portée par le client comme par son environnement personnel ou professionnel habituel.

Il est cependant quelquefois difficile d'accompagner les systèmes-projets concernés. Ils ont une certaine tendance à se replier sur eux-mêmes, en cherchant la protection et la confidentialité de leur environnement proche et familier. Par conséquent, cette phase est généralement vécue au sein d'un réseau de relations plus restreint, voire d'un cercle relativement personnel ou intime.

Plutôt vécue au sein même du groupe concerné par la « rupture imposée », cette phase se caractérise par de longues discussions dont l'objet est de se retrouver « en famille » afin d'effectuer de nombreux retours sur le passé précédant la transition. En conséquence, l'exclusion pure et simple de ceux qui ne font pas partie du clan, de la tribu ou de ce passé commun ne doit pas être prise comme un phénomène de rejet négatif mais plutôt comme une opportunité. Elle peut faciliter le rapprochement nécessaire entre les acteurs plus fortement concernés.

En conséquence, lors de cette phase, l'accompagnateur leader ou coach gagne à comprendre ce besoin de partage et peut le permettre, voire le faciliter en offrant les conditions favorables à l'expression d'échanges intimes, quelquefois même en s'effaçant pudiquement, au bon moment.

Au sein du cercle intime de « Commémoration », le passé plus positif est généralement positivé, embelli ou même glorifié par le client individuel ou collectif dans son rappel historique des nombreux bons moments, des anecdotes sympathiques, des rencontres et relations positives, des résultats satisfaisants, des projets porteurs et autres moments motivants, voire exaltants.

Les sentiments plus « aigres » comprenant des blessures, des culpabilités, les déceptions et les rancœurs qui concernent les périodes plus sombres, voire « noires », du passé perdu sont soit évoqués et traités de façon confidentielle entre les personnes concernées soit plus pudiquement « oubliés » ou encore pardonnés.

En phase de Commémoration, il s'agit clairement de vivre une évocation et une expression plutôt *affective* et subjective du passé, de la rupture et de ses causes, plutôt que d'effectuer un bilan complet, mesurable, rationnel et opérationnel.

La Commémoration : période de tristesse

Pour le client individuel ou collectif, cet inventaire plus personnel, nostalgique et souvent mélancolique du passé irréversiblement disparu est utile dans la mesure où il sert d'une part à digérer la perte ou la rupture imposée et d'autre part à faire l'inventaire affectif de tous les enseignements positifs et négatifs de l'expérience passée et perdue à jamais.

Lors de cette phase, l'émotion prédominante est donc la tristesse, généralement empreinte de regrets ou d'aigreurs centrés sur des opportunités ratées, des malentendus irréparables. « Si j'avais su », « si on pouvait retourner en arrière », « si c'était à refaire » sont des expressions courantes illustratives de cette phase caractérisée par le regret du passé dans tout ce qu'il a pu apporter de positif, tout ce qu'il représente comme opportunités inexploitées.

Cette dimension relationnelle et affective révèle que la phase de Commémoration est très similaire à celle de Maturation présentée dans la première section de ce livre, et qui concerne la courbe de construction de systèmes-projets. Il en découle que le même type de leadership « Participatif » est le plus approprié pour bien accompagner cette phase de processus de deuil.

Par conséquent, pour le leader ou le coach il s'agit ici d'accompagner les acteurs concernés en privilégiant l'expression et l'échange au sein même de leur équipe ou de leur environnement proche. De même, le renforcement de tous les liens familiaux et véritablement amicaux est à privilégier.

137

La phase de Commémoration au sein des processus de deuil

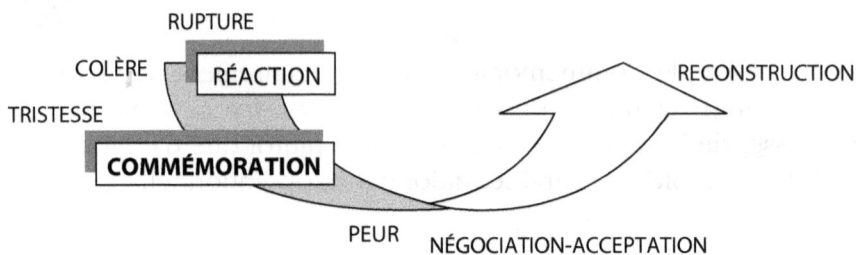

RUPTURE

COLÈRE

RÉACTION

RECONSTRUCTION

TRISTESSE

COMMÉMORATION

PEUR   NÉGOCIATION-ACCEPTATION

N'oublions pas que la foule de souvenirs souvent présentés comme presque exaltants et remémorés avec des détails quelquefois très personnels, voire confidentiels, n'a pas pour seul but de revenir sur les aspects positifs et sympathiques du passé. Quelques regrets et des sentiments de culpabilité aussi se manifestent parfois lorsque les personnes concernées sentent qu'elles n'ont pas dit quelque chose d'important à temps, n'ont pas fait « ce qu'il fallait » au bon moment pour sauver une situation, ou encore lorsque de près ou de loin, elles se rendent responsables des causes de la rupture.

Ce temps de commémoration permet donc aux personnes concernées d'exprimer leurs sentiments de responsabilité, de culpabilité, et leur douleur, de panser leurs plaies et en quelque sorte de s'occuper d'eux-mêmes au sein d'un réseau de soutien.

Cette démarche sert d'abord à s'occuper de soi, à commencer à se « soigner » et ensuite à « ancrer » ou retenir tout ce que le passé perdu a pu offrir comme enseignements utiles et comme souvenirs chaleureux. Il s'agit là de faire un genre d'inventaire de « l'héritage affectif » positif et négatif de l'expérience qui précédait la rupture.

Les interfaces

Les relations privilégiées lors de la phase de Commémoration sont donc plus personnelles, voire intimes, que celles qui ont lieu lors de la phase précédente plus active et très ouverte à l'environnement. Les échanges sont ici empreints d'écoute plus chaleureuse et empathique lors d'un partage de souvenirs importants et d'expériences significatives, au sein d'un groupe beaucoup plus restreint.

Cet échange collectif est effectué entre les acteurs personnellement touchés par la rupture imposée, ou avec l'environnement proche de la personne ou du groupe vivant la transition, aux dépens ou à l'exclusion d'autres relations qui impliqueraient des personnes moins concernées. Le groupe représente ici une sorte de clan ou de cocon protecteur centré sur ses membres et coupé des relations avec l'environnement plus large.

Les relations avec l'extérieur sont d'ailleurs souvent évitées afin d'augmenter en interne le vécu d'une expérience collective identitaire, le traitement intime de la douleur en baignant quelquefois dans la nostalgie. Même si la phase de Commémoration se passe dans un contexte de deuil, l'importance du groupe ou du clan, et son rôle important de soutien, est un rappel clair de la parenté entre cette phase et celle de « Maturité » présentée plus tôt dans cet ouvrage.

Le temps

Aussi, comme en période de Maturité, le temps n'est pas compté lors de la phase de Commémoration. Il est pris sans complexes et « donné » pour créer un moment affectif d'échange, de partage, d'accueil, d'ouverture et d'écoute de soi et de l'autre. C'est un temps « *d'extraversion* », centré sur le passé et le présent et sur tout ce qu'il véhicule comme ressenti affectif.

Lors de cette phase, le temps est donc marqué par la disponibilité, la présence empathique et le partage des uns avec les autres, au sein d'un environnement restreint. Comme lors de la période de Maturité dans l'accompagnement d'un système-projet « constructif », la phase de Commémoration est caractérisée par un temps partagé, « accordé » ou « donné » aux proches de façon relativement intime. Au-delà du temps accordé pour vivre ces relations privilégiées entre les acteurs concernés, rien n'est réellement perçu comme urgent ni important.

139

Lors de cette phase, il est très utile de bien prendre ce temps de digestion. Il sert de « sas », de prise de distance et de digestion. Nous constatons que lorsqu'il est écourté, les personnes concernées par le « deuil » ou la rupture imposée peuvent mal accueillir de nouvelles options ou de futures relations, les comparant durement et à leur désavantage au passé encore trop récent et affectivement présent.

L'espace

La dimension plus intimiste caractéristique de la période de Commémoration se passe aussi au sein d'un espace plus restreint, feutré ou personnel. Lorsque c'est encore possible et pour partager leur temps ensemble, la ou les personnes concernées par le deuil imposé se retrouvent plus volontiers au sein de leurs anciens locaux, de leur ancien territoire commun ou encore, les « anciens collègues » s'invitent à titre privé, les uns chez les autres. Cela peut expliquer l'envie de revenir « visiter » l'ancien atelier et autres lieux de travail maintes fois exprimée par des retraités, le temps de s'habituer à la séparation et de passer à autre chose.

Un des objectifs manifestes dans le choix de « retour sur les lieux du crime » est de permettre aux bruits, aux images et aux odeurs de rappeler le passé de façon plus précise et rapide. En plus de faciliter l'évocation de souvenirs, d'autres choix de lieu servent à trouver ou retrouver une sécurité affective, un cocon familial ou professionnel qui véhicule un certain confort à même de permettre l'expression plus spontanée d'un partage intime.

Lors de cette phase, il s'agit aussi de se souder dans une dimension identitaire, collective et exclusive par rapport à l'environnement traité comme trop « étranger » au processus, donc ne pouvant « pas comprendre ».

La motivation

Lors de cette phase, aussi, il est peu courant pour les personnes ou systèmes impliqués de manifester beaucoup d'intérêt pour une forme d'action quelle qu'elle soit. L'envie d'atteindre un objectif, l'énergie centrée sur l'action et la motivation sont désespérément basses s'il s'agit de mettre quelque chose en œuvre, surtout si ce mouvement est dirigé vers l'avenir. « À quoi bon ? » peut être l'expression qui illustre le mieux ce manque de motivation. Seul l'entretien des relations qui permet de se « récupérer » entre amis et, inlassablement, de revisiter ou réinventer le passé perdu trouve encore un réel intérêt.

Même si c'est pour des raisons différentes, ce degré limité de motivation centré sur l'action rappelle aussi la phase de « Maturité » des systèmes-projets. Il en résulte que l'accompagnement approprié de personnes ou de groupes par des leaders correspond à l'approche « Participative » associée à cette phase plus positive et décrite en première partie d'ouvrage.

Les compétences

En conséquence, il va de soit que les compétences perçues sont relativement inexistantes en phase de Commémoration, limitant ainsi la mise en œuvre de plans d'actions centrés sur des objectifs.

Si quelques compétences se manifestent, elles concernent une forme d'intelligence relationnelle à même de préserver un semblant d'unité collective entre les personnes concernées et leurs proches. Elles sont relativement éloignées de toute forme de tâche à accomplir ou d'objectifs à atteindre, tous perçus comme inutiles, inappropriés ou encore prématurés.

Stratégies d'accompagnement

En conclusion, presque toutes les caractéristiques décrites ci-dessus rapprochent la période de Commémoration de la phase de Maturité, troisième phase d'évolution de systèmes-projets.

Cette phase importante d'un processus de deuil est marquée par un accompagnement de type Participatif, déjà évoqué lors de notre présentation de la phase de « Maturité » d'un système-projet plus constructif. La phase de Commémoration est par ailleurs celle qui semble être surtout vécue avec intensité par les personnes de nature ou de type de personnalité « affective » et expansive[1] ou encore par des profils « extravertis ».

Il en découle que dans une écoute respectueuse et empathique, le rôle d'accompagnement d'un leader ou d'un coach est ici de faciliter l'expression de la tristesse ou le partage « Participatif » et relationnel du « client » individuel ou collectif en processus de deuil, sans trop se mettre au milieu ni chercher à le limiter. Il s'agit plutôt de valider ou de qualifier le vécu évoqué en manifestant une présence positive et chaleureuse.

Par cette dynamique d'écoute interactive et empathique, le leader ou coach peut accompagner la transition dans une stratégie permettant aux personnes concernées de s'occuper d'elles-mêmes et de renforcer les relations et les liens affectifs significatifs, empreints d'acceptation et d'amitié.

Options d'accompagnement

Démarche

Les actions du client individuel ou collectif sont ici surtout motivées par une dynamique relationnelle et affective de « retour » sur le passé « d'avant la rupture ».

En conséquence et pour le temps qu'elle dure, cette phase n'est pas très « active » dans le sens où elle n'est pas encore centrée sur des objectifs ou actions résolutoires ou porteuses d'un avenir plus structurant ou performant. Le mieux pour un coach ou un leader sera de la respecter, voire de la faciliter afin qu'elle puisse servir son but de « récupération affective » des personnes concernées.

---

1. Il s'agit ici des profils sous l'emprise du « Fais plaisir », en PCM ou en Analyse transactionnelle.

Créativité

Si une créativité est possible lors de cette phase, elle consiste à aider le client à faire l'inventaire de son carnet d'adresses afin qu'il fasse la liste de ses relations positives dans l'immédiat ou utiles pour l'avenir. Certains de ces « soutiens » peuvent en effet émotionnellement aider à passer la phase de Commémoration alors que d'autres, moins affectivement proches, pourront être des « aides » utiles par la suite, lors d'étapes ultérieures.

Trop souvent en effet, de nombreuses connaissances ou relais importants sont perdus lors de périodes de ruptures ou de transitions négatives, et deviennent difficiles ou impossibles à retrouver par la suite.

Contrôle

Lors de cette phase, s'il existe une dynamique de contrôle, elle est souvent plus affective qu'opérationnelle. Ici, les personnes et équipes impliquées par une rupture aiment davantage être au centre de l'attention en manifestant leur vécu émotionnel, souvent en assumant un rôle de « victime des évènements », plutôt que d'avoir à exercer un contrôle sur leur vie ou leur avenir. Il en résulte que le rôle complémentaire, même s'il n'est pas forcément utile ou résolutoire, est celui de « Sauveteur » bienveillant.

La période de Commémoration favorise donc une tendance à repousser à plus tard le moment d'agir ou de se prendre en charge, et quelquefois la recherche de soutiens, pour pouvoir un peu se laisser porter et protéger. Par conséquent pour ne pas tomber dans le piège d'un rôle de « Sauveteur » trop actif, il est utile de limiter la fonction d'accompagnement à une écoute attentive et empathique, et à attendre patiemment la suite, sans trop porter.

Reconnaissance

Lors de la phase de commémoration, les personnes et groupes concernés, ont une énorme soif de reconnaissance. Une grande

143

partie de leurs échanges sociaux consiste fondamentalement à en donner et en recevoir avec ceux qui les accompagnent dans leur malheur. L'objectif est bien entendu de s'occuper les uns des autres pour digérer la perte, mais ceci a parfois lieu de façon excessive ou de façon ni assez précise ni mesurée.

Quelquefois, de façon subtile et pour faire parler, un leader ou un coach pourra donner et demander des informations plus détaillées ou documentées sur les résultats d'une expérience vécue ou d'un travail donné, plutôt qu'accepter des allusions floues, des impressions et des sentiments vagues ou d'ordre trop général.

Objectifs

Dans la mesure où les personnes et groupes concernés ne se fixent aucun but ni ne s'imposent de méthodes de suivi, ils auront des difficultés à atteindre des objectifs autres qu'au sein d'un partage relationnel ou pour se soutenir et s'occuper les uns des autres. Aussi auront-ils peut-être besoin de *réapprendre* un peu plus tard à se fixer des objectifs mesurables et mettre en place des méthodes de suivi et de mesure des tâches et des résultats.

Équilibre de vie

Pour les personnes et groupes concernés, cette phase doit être confortable. Ils sont concentrés sur eux-mêmes et cherchent en fait à s'occuper de leurs besoins immédiats et affectifs et à « panser leurs plaies ». S'ils n'y arrivaient pas, ils pourraient intensifier leur attitude de « Victime » et faire rapidement en sorte que la vie devienne insupportable pour les autres.

Lors de cette phase, la vie des personnes concernées est quelquefois envahie de rencontres plutôt sociales. Le risque est d'aboutir à ce qu'elles n'aient plus assez de temps et d'espace pour se retirer et faire le point à titre plus personnel. Dans un contexte trop social, elles peuvent ressasser inlassablement leur malheur, au point de commencer à tourner en rond.

Lors de cette phase, il est donc souvent utile de se réserver un temps pour soi chaque jour, et d'apprendre à apprécier le silence et la solitude. Cela facilitera d'ailleurs le passage à la phase suivante de Rétractation.

Relations

Comme cela a déjà été décrit, cette phase est éminemment relationnelle, quelquefois un peu trop, souvent au sein d'un cercle trop fermé, constitué de personnes trop proches et issues d'un passé avec lequel il faudrait peu à peu prendre quelques distances. Une relation avec des personnes pas ou peu concernées par le passé ou avec un coach externe à l'expérience passée est déjà une ouverture à d'autres formes de relation.

Priorités

La phase de Commémoration sert surtout à tirer les enseignements positifs du passé vécu avant la rupture. Bien entendu lors d'un processus de deuil, les personnes et groupes concernés ont souvent besoin d'accompagnement, entre autres pour apprendre à définir quelques plans d'actions, à les mener à bien jusqu'au bout, en rêvant moins au passé perdu et en se fixant un peu plus d'objectifs ou d'engagements centrés sur l'avenir.

Mais attention, il ne s'agit pas trop d'aller vite : comme nous le verrons, cette dynamique plus active et opérationnelle aura sa place un peu plus tard, et sera d'autant plus résolutoire si la phase de Commémoration a permis un bon traitement affectif et subjectif de la rupture.

© Éditions d'Organisation

Chapitre 8

La phase de Rétractation

La phase de Rétractation suit les deux précédentes et repose sur l'évolution personnelle ou collective que celles-ci ont éventuellement permises. Cette période de « Rétractation » peut sembler plus difficile ou douloureuse dans la mesure où elle se manifeste par une plus grande fermeture au monde extérieur, un repli sur soi, une forme de « dépression » plus individuelle ou personnelle et souvent plus profonde.

Cette phase est en effet principalement caractérisée par une dynamique d'introversion solitaire quelquefois accompagnée d'une forme de désespoir, d'un rejet de l'environnement, d'une forte réticence à sortir de sa coquille ou encore d'une peur viscérale de passer à l'acte.

La Rétractation est empreinte de sentiments profonds de solitude et d'abandon et s'exprime par une angoisse face à ce que peut réserver l'avenir perçu comme de plus en plus incertain. Cette perception est souvent renforcée par un comportement opiniâtre de rejet des autres, de refus tenace de voir du monde ou d'accepter de l'aide extérieure.

À l'extrême et pour l'environnement, cette phase peut être presque qualifiée de « paranoïaque ». Souvent accompagnée d'une forte réticence à toute forme d'action, elle est synonyme de paralysie face à un monde extérieur perçu comme un environnement dur, hostile ou dangereux, et face à un avenir perçu comme inexistant, voire totalement bouché.

Une émotion : la peur

La peur est par excellence le sentiment caractéristique de cette phase. Les personnes et groupes en phase de Rétractation manifestent clairement une peur d'agir, de sortir, de l'avenir, de l'environnement. La tendance naturelle pour chacun est d'une part de surestimer les difficultés et d'autre part de sous-estimer ses propres capacités à leur faire face. Les personnes concernées ont souvent peur au point de refuser de profiter de toute forme d'aide ou de soutien extérieur.

« À quoi bon », « ça ne servira à rien », « c'est inutile », « on ne peut vraiment plus rien faire » sont quelques exemples des expressions affirmatives habituellement entendues et caractéristiques de cette phase. Ces expressions fatalistes illustrent la position paradoxale des personnes et groupes ou équipes en période de Rétractation. Une autre stratégie habituelle face à toute proposition d'action ou de solution se manifeste par le jeu d'un interminable « oui, mais… » qui aboutit de façon prévisible à l'abandon exaspéré des « Sauveteurs » potentiels dans l'environnement.

En conséquence, ces personnes manifestent une *forte* résistance à l'ouverture et à l'action, et expriment fermement et sans détour qu'il n'y a aucun espoir et qu'il *faut* tout « laisser tomber ». Ce comportement révèle une stratégie défensive, fortement marquée par la ferme *volonté* de se replier sur soi, par la méfiance de l'environnement, la peur du jugement d'autrui et en tout état de cause, un manque total de confiance en soi.

LA PHASE DE RÉTRACTATION AU SEIN DES PROCESSUS DE DEUIL

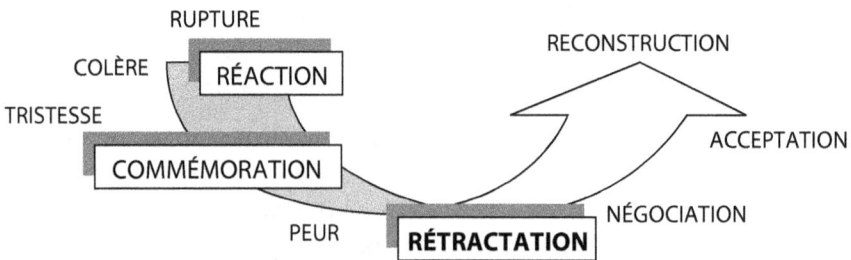

La motivation

Paradoxalement, et l'environnement en est souvent le témoin, la motivation à ne rien faire pour s'en sortir est relativement élevée. Il est quelquefois très difficile d'aider les personnes et systèmes lors de cette phase dans la mesure où ils paraissent réellement déterminés à se maintenir dans leur position d'inaction et de repli. À l'extrême, ils peuvent même apparaître comme voulant se saborder ou lentement se « laisser couler ».

Paradoxalement aussi, la meilleure attitude à adopter pour l'environnement, les leaders ou coachs dans l'accompagnement de ce processus de deuil est de ne pas chercher à trop rapidement bousculer et brutalement « secouer » ces personnes ou systèmes concernés pour précipiter la sortie de leur retrait. Cela ne ferait que stimuler des stratégies de résistance, voire une rupture de la relation.

Il faut aussi savoir que cette solitude et cet « enfermement » sont une opportunité de « se retrouver » ou de chercher ce qui leur reste de force intérieure, et de définir ce qu'ils veulent *réellement* faire. La simple protection que leur fournirait leur environnement immédiat peut suffire pour leur permettre de reconstruire une volonté intérieure.

Cette phase d'introversion solitaire se révèle indispensable pour se préparer personnellement et intérieurement à faire face à la suite des évènements. Mais attention, point trop n'en faut, ni trop de temps, ni un « plongeon » trop profond. Il est utile pour les leaders et coachs de surveiller les personnes en phase de Rétractation pour qu'elles n'aillent pas trop loin trop longtemps, et il est quelquefois utile d'agir fermement pour aller les « repêcher ».

En ce qui concerne la motivation, il y a un autre indicateur important. C'est souvent aussi lors de périodes de Rétractation que de nombreuses personnes et systèmes prennent des décisions personnelles et fondamentales qui peuvent déterminer ou limiter leurs options futures.

S'ils sont fortement motivés, ces décisions sont formulées en termes de « plus jamais ça » et concernent des choix « fermes et définitifs » de ne plus se retrouver dans une même position de

149

fragilité. Ces décisions sont souvent aussi radicales qu'elles sont fortement marquées par les sentiments de manque de compétences propres à la phase de Rétractation.

De telles décisions « mal instruites » prises lors de cette phase peuvent alors restreindre le champ des possibles personnels ou professionnels. Il peut s'agir par exemple de ne plus jamais « s'impliquer de la même façon », de ne « plus faire confiance », de ne « plus prendre de risque », de « ne plus aimer » et, quelque part, de « ne plus vivre ». Ce type de décision peut être définitif et ainsi avoir un effet malheureux et sclérosant pour la suite, bien au-delà du processus de deuil.

Le temps

En conséquence, la phase de Rétractation n'est pas la meilleure période pour prendre des décisions fermes concernant l'avenir. Les personnes et groupes concernés, comme les leaders et accompagnateurs du processus de deuil, gagneraient à limiter les prises de décisions vitales, à agir seulement sur le court terme ou sur l'urgent, et éviter le très important. Il s'agit surtout d'assurer la survie immédiate des personnes et systèmes concernés plutôt que de définir des stratégies centrées sur un avenir à long terme.

La phase de Rétractation peut être plus particulièrement difficile à vivre pour les personnes et entités à profils « introvertis », qui pourraient plonger très profondément dans le désespoir. Paradoxalement, ce sont aussi ces types de personnalité qui tirent quelquefois le plus de bénéfices de cette phase, profitant de ce plongeon intérieur pour chercher et trouver ou redécouvrir leurs vrais objectifs personnels et professionnels.

Les interfaces

Bien évidemment, lors de cette phase, les personnes et systèmes concernés ont tendance à vouloir se replier sur eux-mêmes, et à ne rien voir ni personne. Ils perdent tout intérêt et semblent tout simplement vouloir se faire oublier ou devenir transparents.

150

La solitude et la relation avec quelques connaissances confidentielles, voire secrètes, réduisent à leur plus simple expression les interfaces avec le reste du monde.

Par conséquent, le travail d'accompagnement par un leader ou un coach est presque obligatoirement un travail individuel en tête à tête, ce qui suppose de développer un haut niveau de respect. Ce mode de relation basé sur une confiance profonde devient privilégié et gagne à être développé. Le respect, la transparence, la fidélité, la rigueur, l'honnêteté, l'amitié et la confidentialité doivent y avoir une place prépondérante.

L'espace

Le repli sur soi dans une introversion solitaire se manifeste aussi au sein d'un territoire ou d'un espace fermé, voire « barricadé », comme au sein d'un camp retranché. Cela laisse souvent au sujet individuel ou collectif peu de moyens ou d'envie de se bouger et de s'en sortir.

Rappelons-le, le côté positif de ce retrait est une forme de plongée intérieure qui permet d'explorer « le fond » afin de faire le point sur ses motivations profondes, ses envies essentielles. Cette phase qui pourrait s'apparenter à une expérience « monastique » peut permettre au client individuel ou collectif en transition de redécouvrir sa véritable pulsion de vie, comme sa véritable motivation personnelle ou d'équipe.

À titre plus personnel, les personnes ou équipes qui n'arrivent pas à traverser cette phase lors de deuils ou ruptures importantes peuvent se couper du monde et devenir des ermites, ou disparaître de leur environnement habituel.

EXEMPLE :

Un exemple s'illustrerait par une personne qui après 30 ans de loyaux services rendus à son entreprise se retrouve brutalement licenciée (rupture imposée).

Après avoir traversé les premières phases de processus de deuil avec ses collègues qui subissent la même situation, elle peut s'enfermer dans sa coquille pour peu à peu totalement s'exclure de la société et s'installer dans la marginalité manifestée par un chômage de longue durée.

Bien entendu et lorsque c'est possible, il est quelquefois souhaitable de chercher à *profiter* de cette période, prendre des vacances par exemple pour mieux réfléchir. En effet, les périodes qui suivent des ruptures radicales peuvent être perçues comme une opportunité de se relaxer, de prendre du recul, de mener une recherche intérieure, ou tout cela en même temps. C'est naturellement le cas lors d'une phase d'inactivité choisie entre deux postes, lors d'une année sabbatique, lors de vacances prolongées ou encore lors de longues périodes de convalescence après une maladie importante.

Si le mot « transition » est souvent utilisé pour définir un état temporaire, *instable* ou de *chaos* entre deux états stables, il concerne aussi nos *temps* de ralentissement, nos *périodes* de vide ou nos *entre-acte*s sans mouvement entre deux périodes plus pleines ou plus animées. C'est cet « entre-deux » qui se glisse entre deux relations, deux projets, deux aventures, qui peut tout naturellement trouver sa place en période de Rétractation.

Stratégies d'accompagnement

Afin de dépasser les stratégies de protection personnelles ou collectives, et percer cette carapace érigée par les systèmes-clients pour s'enfermer dans une forme intense de repli intérieur personnel ou collectif, la meilleure stratégie du coach ou de l'environnement sera souvent synonyme d'approche contractuelle ou « *Directive* ».

Il s'agit ici d'une démarche presque identique à celle qui caractérise la première phase des dynamiques de systèmes-projets « constructifs ». Il s'agit d'aller progressivement et fermement « repêcher » le client pour l'accompagner pas à pas vers la sortie de son trou, de façon progressive et protégée, mais assertive.

La précipitation n'est pas de mise dans cette stratégie. Il est plus efficace de patiemment aider le client à mettre en œuvre une série de petites mesures anodines, les unes après les autres, sans attendre de grands changements immédiats.

Les introvertis sont, rappelons-le, les personnes les plus sujettes à vivre cette phase de façon intense et prolongée. Il s'agit ici des personnes à profils « solitaires » et méfiants lorsqu'il s'agit d'individus, et de systèmes plutôt fermés et traditionnels lorsqu'il s'agit de familles ou d'entreprises.[1] Avec ces personnes et systèmes, l'approche directive d'un ami proche, d'un leader ferme et patient ou d'un coach à la fois précis et compréhensif est souvent celle qui correspondra le mieux.

Les compétences

Attention, car il ne s'agit pas de dire ce qu'il faut faire aux individus ou groupes concernés. Lors d'une période de Rétractation, la stratégie pour un coach ou autre accompagnateur consiste à être relativement ferme et structurant sur la forme, mais surtout pas sur le contenu. Bien souvent, il s'agit dans un premier temps de patiemment accompagner la mise en œuvre d'actions relativement simples, voire anodines.

En effet, lors de cette phase, les personnes et les systèmes sont et se sentent fondamentalement incompétents à entreprendre une action, quelle qu'en soit sa nature. Si quelques actions simples et sans enjeux proposées par un accompagnateur, leader, coach ou ami peuvent ne représenter aucun risque et peu d'intérêt, leur seul but est d'aider la personne à réapprendre à agir et à se prendre en charge dans des domaines « basiques » au sein d'un environnement encore assez restreint.

© Éditions d'Organisation

---

1. Ce profil est proche du type de personnalité schizoïde, rigide, voir paranoïde dans un langage clinique, et évolue sous l'influence du driver « Sois fort » en Analyse transactionnelle. Au niveau collectif, il rejoint la culture d'organisation « institutionnelle » déjà évoquée par l'auteur lors d'ouvrages précédents.

EXEMPLES :

- Pour certains, le seul fait d'avoir quelques rendez-vous espacés et de travailler avec un coach régulièrement peut déjà être suffisamment structurant. Le coach peut également demander au client s'il ressent comme utile d'entamer une démarche de « bilan de compétences ». Il peut l'accompagner dans la compilation d'une liste de relais, d'amis, de partenaires potentiels ou de clients qu'il appellera chacun à une date précise pour atteindre un objectif très simple ;
- Un leader peut faciliter l'accompagnement lors de cette phase en demandant régulièrement à la personne ou à l'équipe concernée d'accomplir une liste de tâches simples, à délais courts et dont les effets sont facilement mesurables ;
- Un ami peut aussi aider en suggérant au sujet concerné d'entreprendre une démarche d'auto-évaluation écrite lui permettant de faire un inventaire précis et complet de ses ressources, de ses expériences et de ses compétences professionnelles, des moyens personnels dont il peut disposer sans s'endetter, des options de formation ou de développement qu'il pourrait envisager, ou de tout autre « petit » projet potentiel qu'il pourrait développer dans un avenir proche. Toutes ces options peuvent être des pistes intéressantes ;
- L'ami d'une personne en processus de deuil et en phase de Rétractation « sans issue » l'amènera à prendre des leçons de conduite et passer son permis de conduire, en arguant que ce sera « toujours utile ». Cette démarche d'apprentissage simple, utile et néanmoins hautement symbolique est un premier petit pas dans le sens d'une reprise progressive de responsabilités dans sa vie en général.

L'objet de ce style d'accompagnement est de peu à peu permettre à la personne ou au « système-client » en processus de deuil de se réveiller, de se remettre à vivre, puis de réfléchir à ses options et ensuite d'agir. En effet, lors de cette phase, les personnes se sentent tellement incompétentes qu'il s'agit presque pour elles de « ré-apprendre à marcher » sous l'œil critique des autres.

Bien évidemment, la période de Rétractation comporte de nombreuses caractéristiques synonymes d'une dynamique de recherche intérieure. Elle semble permettre la réflexion et la préparation proche de celle qui caractérise la phase de Conception, à l'origine d'une nouvelle démarche-projet, et elle appelle de ce fait une approche « contractuelle » très ciblée.

Options d'accompagnement

Démarche

Apprendre à établir des contrats précis qui prennent en compte le temps réel (souvent un peu long) dont le sujet individuel ou collectif a besoin pour se mobiliser, réunir et traiter les informations. Lors de cette phase, le sujet a en effet la réputation d'être lent, aussi il est utile de lui demander d'indiquer lui-même clairement le temps dont il a réellement besoin.

Créativité

Les personnes ne sont pas franchement créatives lors de cette phase, même si elles ont théoriquement accès à de nombreuses sources d'informations. Qui plus est, elles ont tendance à traduire toutes les petites difficultés en échecs retentissants. Il est utile de très graduellement leur réapprendre à parler, échanger, partager et agir. Toutefois, puisqu'elles savent avancer lentement et avec précision en s'appuyant sur des procédures testées et approuvées, ces personnes peuvent se centrer sur la mise en pratique graduelle de la créativité des autres.

Contrôle

Lors de cette phase, les personnes concernées ont quelque peu tendance à se contrôler ou se retenir. Elles ne veulent pas s'exposer devant les autres, être « mises à nu » ou être prévisibles. Elles pourraient se détendre et réapprendre à utiliser une petite pointe d'humour. Les gens ne les jugent pas aussi durement qu'elles se jugent elles-mêmes. Leur peur du changement les amène à se réfugier très vite dans le statu quo pour se protéger.

Ces personnes peuvent petit à petit abandonner des stratégies de protection pour accepter l'évolution et les transitions comme faisant partie de leur vie. Leurs croyances limitatrices sont au centre de leur résistance au changement. À elles de choisir dans leur entourage quelques personnes modélisantes auxquelles elles peuvent faire confiance et, à partir de là, développer leur niveau de tolérance. Personne n'est parfait.

Reconnaissance

Typiquement lors de cette phase, les personnes et groupes concernés se mettent hors d'atteinte des autres et du monde. Ils deviennent même suspicieux lorsqu'on les complimente. Ils peuvent donc commencer par accepter quelques petits compliments, en apprenant qu'ils ne sont pas *tous* immérités ou destinés à manipuler.

Pour commencer, un leader ou coach peut proposer quelques petites observations positives qui concernent quelques initiatives réussies. Les personnes concernées peuvent ensuite, petit à petit, apprendre à donner aux autres, dont au coach, quelques signes de reconnaissance, quitte à ce qu'ils soient suscités.

Objectifs

Si les personnes impliquées dans cette phase ont l'habitude de tout prendre au sérieux quelquefois de façon dramatique, elles ont aussi l'habitude de se sentir submergées et de rester sur la défensive. Lorsqu'elles se sentent en face d'un problème insurmontable, il est donc important de les encourager à le morceler en portions plus accessibles afin de l'apprivoiser ou de le rendre moins effrayant.

En conséquence, lors de cette phase tout projet gagne à être subdivisé en séquences très courtes et faciles, afin de permettre à la peur presque omniprésente de se désactiver.

Équilibre de vie

Cette phase se confond avec un isolement professionnel, social et familial. Il est quelquefois utile d'aider la personne à s'impliquer un peu plus dans une activité de loisirs collectifs, de bénévolat, et dans sa vie privée. Une deuxième option est de l'aider à partager un peu plus ses peurs ou ce qu'elle est en train de vivre avec sa famille ou avec d'autres personnes proches ou de confiance.

Relations

Lors de cette phase, certaines personnes et systèmes continuent de manifester un sentiment de fidélité aux personnes qui leur ont causé des torts importants. Être loyal et solide dans ses amitiés est une qualité, mais pas toujours au prix de se maintenir dans une relation insatisfaisante ou sans intérêt, sous prétexte de fidélité. En conséquence, les personnes et systèmes concernés par cette phase gagneront à réfléchir avec plus de discernement sur la nature d'une relation satisfaisante, et quelquefois même de faire d'autres choix.

Priorités

Les personnes concernées par cette phase ont tendance à plonger dans trop de détails et à entraîner les autres dans cette approche. Il est alors utile de leur apprendre à appréhender d'abord l'image globale pour ensuite s'attacher aux détails constitutifs de l'ensemble.

Elles tireraient également profit de manifester un peu plus d'intérêt aux problèmes des autres, ce qui leur apporterait un peu de recul quant aux leurs. Ainsi on leur suggérera de s'impliquer dans la résolution de quelques problèmes précis qui concernent des tiers, leur apportant ainsi leur aide.

CHAPITRE 9

La phase de Tractation

Cette « dernière » phase du processus de deuil vient juste avant une acceptation plus ou moins formelle de la séparation. Lors de cette ultime phase, la personne ou le système-client commence à s'inscrire dans une dynamique plus « constructive » dans la mesure où il commence à se positionner dans un cadre moins émotionnel, plus réaliste et pratique. Il commence à vouloir « en finir » avec le processus de deuil, même s'il ne connaît pas encore avec précision la direction qu'il choisira de suivre par la suite.

Concrètement, le sujet individuel ou collectif met en œuvre diverses négociations avec l'environnement personnel, professionnel, social et public afin de tenter d'obtenir ou de récupérer ce qu'il peut. Il s'agit de « sauver ses meubles » ou de clore le chapitre pratique et « matériel » du deuil, afin d'être libre de préparer son avenir.

Cette phase concerne le rassemblement de tous les moyens peut-être encore utiles et à préserver du passé, la recherche et l'obtention d'autres « aides » de l'environnement, comme le nettoyage par le vide de ce qui peut et doit être éliminé. Lors de cette phase, le sujet est manifestement de moins en moins « en deuil », de plus en plus dans l'action. Il se prépare de façon pratique et concrète à « en finir » ou à passer à autre chose.

LA PHASE DE TRACTATION AU SEIN DES PROCESSUS DE DEUIL

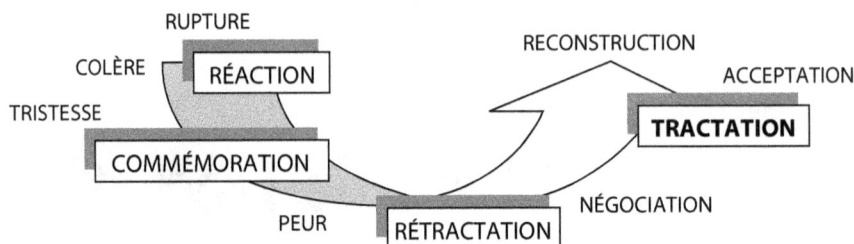

Pour faire le tri, jeter, donner, récupérer, négocier tous ces éléments matériels à garder, obtenir ou éliminer, alors même qu'elles ne savent pas clairement la direction et la forme que pourrait prendre leur avenir, les personnes concernées agissent quelquefois de façon fataliste et désabusée, quelquefois de façon calme et assertive, quelquefois encore de manière plutôt compétitive ou même revendicatrice.

EXEMPLES :

- Négocier auprès de son employeur une aide au reclassement et un budget formation pour se recycler ;
- Obtenir des pouvoirs publics un soutien financier pour assurer les moyens d'une période de transition ;
- Harceler le siège par syndicats interposés pour obtenir une augmentation conséquente ;
- Définir avec les fournisseurs et établissements financiers des moyens pour financer le redémarrage d'une activité ;
- Emprunter auprès de son réseau familial ou amical un lieu de « chute » ou de résidence temporaire ;
- Manifester avec force ou faire une grève pour obtenir des pouvoirs publics les moyens nécessaires à la requalification et au reclassement des salariés touchés par un licenciement collectif.

La motivation

Si cette phase est quelquefois active, la motivation des personnes concernées est *relativement* basse. Dans la mesure où ces actions ne sont centrées que sur un résultat à court terme, elles ne véhiculent pas suffisamment de sens pour être motivantes. Idéalement, les démarches administratives et les négociations diverses sont entreprises avec méthode mais sans trop de conviction. Elles cherchent tout simplement à obtenir avec un peu de ténacité mais sans excès émotionnels ce qui est possible, afin d'assurer l'avenir.

Une énergie excessive et revendicatrice lors de cette période serait en fait une indication que la phase « Réactive » plus colérique du processus de deuil n'a pas été réellement menée à son terme. Dans ces cas-là, la personne ou le système concerné exprimerait de façon virulente ce qui lui reste de colère, un peu tardivement, tout en négociant âprement ce qu'il considère être son dû.

Les négociations de la phase de Tractation peuvent alors déraper et révéler que toute la colère n'est pas encore complètement digérée, que de vieilles blessures sont encore ouvertes. Ce sont ces restes de rancune qui motivent une stratégie plutôt agressive pour « faire payer » l'autre ou l'environnement. Ces expressions émotionnelles pourraient être un indicateur que le processus de deuil est encore loin d'aboutir.

Mais il faut aussi faire attention lorsque la motivation du système-client semble désespérément basse. Il ne s'agit pas non plus d'aborder la phase de Tractation avec la tristesse de la phase de Commémoration ou le désespoir de la phase de Rétractation et tout accepter ou laisser filer de façon fataliste. Cela pourrait aussi indiquer que le terme du processus de deuil est remis à plus tard. Ce n'est que lorsque toutes les émotions caractéristiques des phases précédentes ont réellement eu l'opportunité de bien s'exprimer que la période de tractation devient réellement utile et résolutoire.

Lors de cette période, le leader, le coach ou l'environnement qui accompagne cette étape de transition peut jouer un rôle important en aidant le sujet individuel ou collectif à devenir beaucoup plus « Adulte » au sens de l'Analyse transactionnelle ou « Informatif » si nous nous référons aux dynamiques d'accompagnement de systèmes-projets plus positifs.

Il est ici utile d'aider le sujet à envisager de négocier *de façon sereine et résolutoire* toutes les options matérielles auxquelles il peut avoir droit, quelle que soit son envie de « se battre » pour obtenir plus que sa part ou encore de « laisser tomber » trop rapidement pour passer à autre chose. Il s'agit de l'aider à questionner les options retenues et de l'accompagner dans l'analyse et la réflexion, dans sa recherche active, méthodique et pratique de ressources à même de concrètement le soutenir dans son futur proche, et lors de sa « reconstruction ».

Il est à noter que lors de cette période, les rencontres souvent très variées avec l'environnement et l'inventaire des moyens à chercher et à négocier peuvent permettre au sujet individuel ou collectif de commencer à imaginer des axes de développement futurs et de nouvelles options d'avenir. La période de Tractation peut porter les germes d'un futur projet comme la rencontre de partenaires utiles pour concevoir un nouveau commencement.

Il est évident que faute d'avoir un objectif précis, plus les moyens négociés sont importants, plus le sujet concerné pourra élaborer des projets importants par la suite. Quelquefois cependant, ce constat peut provoquer un comportement où la simple recherche et accumulation de moyens deviennent elles-mêmes le seul objectif de cette période. D'où quelquefois la stratégie empreinte de ténacité, voire un ton qui révèle une certaine âpreté. Lors de cette phase, le client ne sait pas forcément ce qu'il voudra faire par la suite, mais il peut vouloir se battre « bec et ongles » pour avoir tous les *moyens* d'y arriver.

Les relations

Lors d'une rupture ou d'une séparation avec un partenaire privilégié, cette période d'inventaire et de négociation matérielle et territoriale révèle que cette phase véhicule une attitude compétitive, où il s'agit de s'affirmer, mais surtout « contre » l'autre pour gagner.

Ce type d'approche bipolaire de la relation évoque le contexte du face-à-face compétitif et argumentatif de la phase Informative des systèmes-projets en évolution « constructive ». Ces relations de négociation presque conflictuelles « à deux » se produisent avec ou plutôt *contre* les anciens partenaires, l'administration, les pouvoirs publics, les banques et les fournisseurs, de façon relativement tendue, sinon soutenue, et sont centrées sur l'acquisition ou la défense territoriale ou matérielle.

Les négociations apparentes de cette phase tournent autour de ce qui « appartient de droit » ou pas à la personne ou au collectif en deuil. Il s'agit là de la dynamique de répartition matérielle « des meubles » et de l'immobilier, souvent observée suite à un divorce, par exemple, ou lors de la répartition de l'héritage suite à un décès familial.

Lors de cette phase, le leader ou le coach en accompagnement peut souvent aider le système-client à prendre un peu de champ et à réfléchir autrement. Il s'agit par exemple de l'aider à prendre conscience que lors d'une rupture, comme le révèle une compréhension de l'analyse systémique, tout le monde doit savoir perdre *un peu* pour pouvoir tourner la page.

La valeur « déduite » de systèmes en rupture

En effet, chacun conçoit facilement qu'« un plus un égal *plus* que deux » lorsqu'un projet porté par deux personnes ou entités est mené dans un réel esprit de partenariat et avec une bonne mise en synergie de ressources, afin d'atteindre un but « en communauté ». C'est cela la « valeur ajoutée » que doit normalement développer un système performant, qu'il s'agisse d'un couple, d'une équipe ou d'une organisation.

Peu de personnes en rupture, en revanche, conçoivent que lors d'une séparation, le contraire doive également se produire. La division d'*une* richesse issue d'un investissement commun en plusieurs sous-ensembles fait que la somme des parties *résulte en un total moins important que ne l'était l'ensemble commun préalable.*

163

En effet, lors de la séparation d'un couple par exemple, on constate presque systématiquement que *deux, lorsque divisé, n'est pas égal à un plus un* ou, en tous les cas, à *deux fois la moitié* de l'ensemble précédant la rupture. Chaque partie prenante d'une rupture se retrouve donc souvent avec la perception d'emporter un peu moins de la moitié qu'il imaginait récupérer.

Par conséquent et idéalement, les partenaires en rupture se doivent d'abord d'accepter de perdre la valeur ajoutée « systémique » que permettait leur coopération. Ensuite seulement peuvent-ils diviser ce qui reste, éventuellement en parts égales. Lorsque ce partage est fait de façon réellement équitable, ils se retrouveraient donc normalement chacun avec un peu *moins* de la moitié de l'ensemble qui existait avant le partage.

Ce principe fondamental échappant généralement aux anciens partenaires en cours de rupture, la négociation de division devient presque immanquablement difficile, chaque partie estimant qu'elle a droit à la moitié de l'espace commun *comprenant la valeur ajoutée préalablement dégagée par l'effet de synergie systémique.*

En deux mots donc, pour bien savoir se séparer, ou pour accepter le deuil d'une relation de partenariat, il faut savoir *perdre* autant que l'autre. Faute de quoi, la phase de négociation risque de se prolonger bien au-delà de sa durée utile et laisser des cicatrices plus profondes, encore plus difficiles à guérir.

EXEMPLES :

La difficile séparation de biens lors d'un divorce, des actifs lors d'une cessation d'activité ou d'une faillite, de l'héritage après un décès, des produits d'une vente en indivision, etc.

Les compétences

Les commentaires ci-dessus propres à la période de Tractation indiquent que la compétence déployée est souvent limitée en ce qui concerne les interfaces pratiques avec l'environnement ou avec les anciens partenaires. Même si la personne ou le groupe concerné a bien vécu les phases précédentes de Rétractation, Commémoration et de Réaction, cette « dernière » phase nécessite souvent une connaissance technique ou l'aide d'un expert dans de nombreux domaines légaux, juridiques, financiers et administratifs. Certains de ces domaines ont leurs propres logiques, quelquefois difficiles à comprendre et à accepter.

De plus, si certaines émotions se manifestent de façon inappropriée, soit au sein d'une surestimation d'un dû dans une négociation avec force revendications empreintes de colère, soit en sous-estimation, sans vraiment prendre les moyens d'obtenir son juste retour, c'est un indicateur que les phases précédentes n'ont pas été exploitées ou vécues jusqu'au bout ni n'ont bien servi leurs rôles.

L'accompagnement par un leader, un ami ou un coach comme par quelques experts dans des domaines pointus peut ici aider le système-client à mieux réfléchir puis comprendre certains critères de réalisme afin de trouver un « juste milieu » dans la mise en œuvre de ses exigences comme dans le déploiement de ses compétences. Cela peut l'aider à bien défendre ses intérêts, sans toutefois trop exiger de façon opiniâtre ou compétitive.

L'espace

Au niveau de l'espace, cette dynamique de Tractation est souvent caractérisée par une approche relativement matérialiste et *territoriale*, caractérisée par une attitude individualiste de « moi d'abord ».

Pour les personnes et systèmes concernés, il s'agit à la fois de reprendre sa place et de récupérer la dimension matérielle dans un partage de biens et de territoire dans un esprit de « séparation » qui permet de finir la ou les relations du passé de façon résolutoire. Par conséquent, cette phase est bien caractérisée par de nombreuses affirmations de ce qui « m'appartient », de ce qui « m'est dû », de ce qui est « à moi » ou encore de ce qui « me revient de droit ».

Le temps

Le temps, enfin, d'une phase de Tractation redevient un temps *linéaire* ou « monochronique » identique à celui qui est vécu au cours de périodes de Consolidation lors de transitions de systèmes-projets constructifs. Il s'agit donc de l'organiser de façon logique, linéaire et efficace afin de mener à bien toutes les démarches utiles en temps et en heure.

Options d'accompagnement

Démarche

Lors de la phase de Tractation et dans presque toutes ses démarches, le sujet individuel ou collectif sait ce qu'il veut et pense y avoir droit. Il peut cependant manifester de l'impatience à l'obtenir rapidement sans envisager que certaines démarches prennent du temps. Il pourrait donc apprendre à organiser son emploi du temps, ses rencontres et les ordres du jour de réunions pour avoir un surplus de temps « à gaspiller ». Cela lui permettra de prendre du champ et de réfléchir ou de pouvoir en accorder aux autres.

Quand il y a trop d'urgence ou lorsqu'il se sent sous tension, le sujet peut aussi choisir la stratégie de partage et de transparence qui consiste à expliquer aux autres que, pour le moment, il est sous pression, qu'il a besoin de temps pour réfléchir, et s'excuser pour son stress élevé.

Créativité

Les personnes concernées par la phase de Tractation ont généralement les idées bien arrêtées et se confortent dans leurs choix personnels sans s'ouvrir à d'autres options imprévues. Elles peuvent apprendre à se laisser surprendre lorsque d'autres personnes leur proposent des options auxquelles elles n'ont pas pensé, puis apprendre à déployer de l'énergie à les développer ensemble. L'intérêt de coopérer avec les autres et de mener à terme une créativité collective ne manquera pas de les étonner.

Contrôle

Lors de cette phase, les sujets aiment avoir raison et veulent gagner leurs arguments. Aussi, ont-ils besoin d'apprendre à écouter de nouvelles informations, à accepter de nouvelles options et à être reconnaissants envers ceux qui leur apprennent quelque chose de différent.

Lors d'une discussion animée, ils pourraient apprendre à « lâcher prise » sur leur point de vue, leurs idées et leurs arguments sans avoir l'impression de perdre la face ou quelque chose de vital. Ils peuvent aussi apprendre à établir des priorités afin de réserver leur énergie de combattant pour les quelques affaires qui le méritent, plutôt que d'essayer de battre tout le monde sur tous les fronts. Prendre du temps et de la distance augmentera aussi l'envergure de leur champ de vision.

Reconnaissance

Bien que ces sujets l'acceptent pour eux-mêmes, ils ont du mal à donner de la reconnaissance aux autres. Ils sont trop centrés sur leurs résultats immédiats et pas assez sur les relations à moyen ou long terme. Ils peuvent donc apprendre à donner quotidiennement de la reconnaissance à leurs partenaires et collaborateurs d'une façon directe et sincère, et à mesurer leur contribution positive aux résultats. Les relations développées lors de cette phase pourront leur être utiles par la suite.

Ils peuvent aussi apprendre à accepter une appréciation générale ou un feedback affectif sans demander des précisions trop détaillées. Ils n'ont pas besoin de tout comprendre, de tout justifier ou de tout quantifier. Si les personnes concernées par cette phase veulent aller un peu plus loin, elles pourraient montrer aux autres qu'elles font des erreurs et savent les reconnaître, qu'elles savent lâcher prise et perdre un peu, de temps en temps.

Objectifs

Lors de la phase de Tractation, les sujets concernés sont impatients. Aussi risquent-ils de négliger les aspects pratiques d'un problème en pensant que tout est réglé suite à une bonne analyse et quelques accords de principe. Si penser et comprendre peuvent être rapide, construire prend du temps. Il faut donc que ces personnes apprennent à patiemment aller jusqu'au bout de leur démarche sans laisser de petites failles ou faire l'impasse sur des détails qui pourraient s'avérer importants par la suite.

Une option pratique est de ne pas signer de contrats précis sans prendre le temps de bien réfléchir à toutes les implications futures, voire de consulter un expert.

EXEMPLE :

Un exemple concerne des salariés qui acceptent une prime à la démission sans avoir de projet précis et sans mesurer le coût réel et les conséquences d'un manque d'emploi pour une durée indéterminée. L'argent dans la main tout de suite peut être vite dépensé s'ils n'ont pas bien évalué leurs objectifs et étudié les moyens nécessaires pour les atteindre.

Les personnes et groupes en Tractation doivent donc apprendre à prendre leur temps en patience et apprécier la longueur, sinon la lenteur des quelques démarches nécessaires lors de cette phase de leur parcours. Ils gagnent à s'informer clairement de leurs droits, comme de toutes les conséquences de chacun de leurs choix à moyen et long terme.

Équilibre de vie

Cette phase favorise les « bourreaux de travail » potentiels et ceux qui perçoivent toutes leurs relations comme professionnelles, techniques et fondamentalement compétitives. Pour équilibrer leur vie, les personnes de ce profil peuvent apprendre à prendre ou à *se donner* du temps libre, et à définir un ou plusieurs projets artistiques ou de loisirs individuels qui ne soient ni compétitifs ni uniquement centrés sur un effort en vue de faire évoluer immédiatement ou à court terme des résultats mesurables.

Relations

Cette phase peut être difficile et même coûteuse pour les amitiés si l'attention est uniquement donnée à des relations professionnelles, ou si elles sont trop empreintes d'égocentrisme ou de compétition. Les personnes concernées par cette phase peuvent donc s'ouvrir un peu plus à un réel *partage* amical et sans enjeux avec des personnes choisies en leur consacrant le temps nécessaire pour bien développer la *qualité* de la relation.

Priorités

De même que lors de cette phase, les personnes et les groupes s'attachent à acquérir des *moyens*, ou à éliminer le superflu, ils peuvent apprendre comment développer plus de discernement et construire au sein de relations plus fortes et durables. Celles-ci leur seront toujours utiles dans l'avenir.

La suite

Si la phase de Tractation signale la fin formelle du processus de deuil en ce qui concerne sa dimension vécue comme négative, les sujets individuels et collectifs ne sont pas encore réellement tirés d'affaire. Rappelons qu'il est peu probable que la suite du parcours réserve une stabilité tranquille sans surprises et empreinte de sérénité. La vie n'est en effet constituée que d'une suite de transitions. Le tournant qui clôt la phase de Tractation consiste plutôt à enfin accepter de lâcher prise, de suivre son chemin, voire de passer à autre chose, même si l'avenir n'a pas encore réellement dévoilé ce qu'il réserve.

Lors d'un processus de deuil, la période qui formellement suit la phase de Tractation est le tournant que représente « l'Acceptation ». Suit encore une phase de reconstruction ou de repositionnement. Cette dernière ressemble comme deux gouttes d'eau à la période que nous avons précédemment présentée sous le chapitre concernant la « Conception » en début de cycle de systèmes-projets dits « constructifs ».

Ce n'est que plus tard, lorsque le sujet individuel ou collectif est mis face au souvenir de sa transition douloureuse, que quelquefois avec sérénité, il pourra formuler une réelle acceptation de ce passage formateur. Dans ce cas, certaines expressions révèlent qu'un « pardon » est accordé ou qu'un « remerciement » est formulé. Ces expressions sont caractéristiques d'une bonne intégration de la rupture. Elles consistent à exprimer que « si c'était à refaire, je referais exactement la même chose », que le processus a permis au sujet individuel ou collectif de grandir ou d'évoluer autrement.

En effet pour beaucoup, si le processus de transition qualifié « processus de deuil » n'est pas facile à vivre en temps réel, il permet souvent de préparer les fondations d'un avenir radicalement différent, souvent autrement satisfaisant.

CHAPITRE 10

L'évolution des indicateurs (bis)

Lors des quatre chapitres précédents, nous avons évoqué une à une les différentes étapes constitutives du parcours d'un client individuel ou collectif lors d'un « processus de deuil » entamé suite à une rupture imposée. Après une période de refus, les phases de Réaction, puis de Commémoration, puis de Rétractation et enfin de Tractation permettent de s'acheminer peu à peu vers une acceptation.

EXEMPLE :

> Un processus de deuil peut concerner un événement anodin comme la perte d'un objet personnel, ou très important et à même d'influencer la vie de plusieurs milliers de personnes comme la fermeture programmée d'une entreprise qui assure des emplois pour toute une ville. Il peut être provoqué par la nécessité imposée de déménager d'un lieu cher, par l'obligation de changer d'emploi, par la perte d'une personne proche, comme par l'abandon prématuré d'un projet collectif.

Puisqu'il est « subi », chacun de ces événements peut provoquer dans un ordre presque prévisible et consécutif des réactions émotionnelles et négatives auprès des personnes impliquées et au sein des groupes ou équipes concernés.

Nous avons vu que chacune de ces étapes est accompagnée de comportements, d'émotions, de types de relations, de notions du temps, de perceptions de compétences complètement différents.

Pour le leader, le coach ou le consultant et l'environnement proche des personnes concernées, nous avons aussi vu que chaque étape, état émotionnel et ensemble de perceptions correspondantes appellent un type de communication et un genre d'accompagnement différents. Lorsqu'ils sont bien adaptés à la situation précise, ces types de présence et de communication peuvent faciliter le cheminement du client individuel ou collectif en cours de mutation.

Quoique *dans un ordre différent* et souvent dans des situations émotionnellement plus intenses, la dynamique d'accompagnement des processus de deuil correspond aux mêmes « dynamiques » de gestion déjà abordées et qui concernent les phases d'évolution positives de systèmes-projet, présentées au sein de la première partie de ce livre.

En effet, nous constatons qu'à chaque état émotionnel caractéristique d'un processus de deuil correspond une dynamique particulière de leadership, de « management » ou d'accompagnement qui chacune véhicule une fonction précise.

Les quatre étapes

Suite au constat de la réalité inévitable d'une « rupture imposée » ou d'une autre forme de transition difficile à accepter, nous avons cité dans l'ordre les étapes suivantes, observables dans le comportement individuel ou collectif des personnes concernées :

1. Une première phase de « **Réaction** » est caractérisée par la manifestation de la colère contre l'environnement et toute personne qui de près ou de loin peut avoir une part de responsabilité. Cette phase appelle une dynamique de **Délégation.**

2. Suit une deuxième période de « **Commémoration** », empreinte de tristesse partagée avec les proches, et marquée

par l'évocation d'un retour mélancolique sur le passé perdu. Cette période nécessite une présence **Participative.**

3. Suit encore une période de « **Rétractation »,** où l'incapacité d'agir, la « paralysie » des personnes concernées est liée à la peur ou l'angoisse de l'avenir, de leur devenir indéfini. Cette phase appelle un comportement d'accompagnement plus « encadrant » précédemment défini comme **Directif.**

4. Enfin apparaît la dernière phase de « **Tractation »,** caractérisée par de nombreuses négociations afin d'obtenir des moyens utiles immédiatement ou pour un avenir encore ouvert. Cette période appelle une approche **Informative.**

ÉTAPES DE LA GESTION DES PROCESSUS DE DEUIL

Période :

| RÉACTION | COMMÉMORATION | RÉTRACTATION | TRACTATION |

Dynamique :

| DÉLÉGATION | PARTICIPATION | DIRECTION | INFORMATION |

Si chaque phase est de nature fondamentalement différente, elle repose sur la précédente au sein d'un cheminement cohérent et progressif. Nous constatons qu'il est difficile pour une personne ou un groupe de passer directement à une étape de Tractation sans passer par les phases précédentes, malgré quelques velléités de brûler des étapes.

Ci-dessous, nous abordons succinctement l'évolution des cadres de référence qui caractérisent ces étapes à travers l'enchaînement des critères ou indicateurs qui entrent en jeu au fur et à mesure de leur déroulement.

Les quatre étapes caractéristiques d'un processus de deuil individuel ou collectif se suivent donc, et ne se ressemblent pas, et ceci dans plusieurs dimensions. Ces dimensions évolutives concernent une fois de plus la perception du temps, de l'espace, des relations, de la motivation et des compétences. Il est utile ici d'aborder une à une chacun de ces indicateurs et de suivre son évolution au cours de l'ensemble du processus de deuil.

L'évolution des relations

Pour commencer, les relations et les interfaces évoluent. Cela concerne la perception des relations interpersonnelles comme celles avec l'environnement. Il apparaît qu'au fur et à mesure du franchissement des étapes d'un processus de deuil par une personne ou un système, quatre types de relations différentes sont privilégiés, dans l'ordre suivant :

✓ **La phase de Réaction** privilégie une dynamique collective, sociale et « publique » et se manifeste par des relations courtes et intenses entretenues avec de nombreuses personnes et groupes différents. La phase de Réaction rappelle les relations **de groupe à groupe** caractéristiques des périodes de Distanciation et appelle également un accompagnement sur le mode de la Délégation.

✓ **La période de Commémoration** est caractérisée par la prédominance de relations au sein d'un collectif précis et vécu comme plus intime et protecteur. Cela concerne le **groupe** des proches de l'individu en transition, où alors la totalité du système subit le processus de deuil. Elle ressemble à la phase de Maturité, avec le même type de relations et appelle une communication de type Participatif.

✓ **En phase de Rétractation,** les personnes préfèrent la solitude et l'isolement à toute relation. Même si elles font partie d'un groupe, elles s'enferment souvent dans un mutisme **individuel** et introspectif similaire au plongeon intérieur de la période de Conception. Cette phase appelle donc un accompagnement plus présent, plus ferme ou « contractuel » précédemment qualifié de Directif.

✓ **Lors de la phase de Tractation,** le type de relation privilégiée est plutôt exprimé dans une forme de polarité compétitive **à deux.** Cette relation est active et argumentative et se manifeste lors de négociations intenses. En cela cette phase ressemble à la période de Consolidation qui nécessite un accompagnement Informatif.

ÉVOLUTION DES RELATIONS LORS D'UN PROCESSUS DE DEUIL

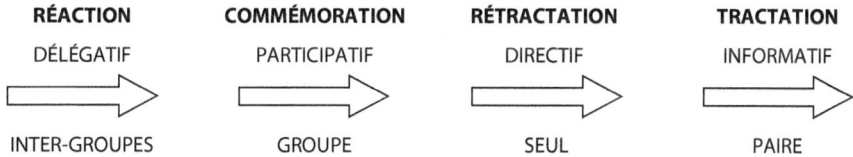

RÉACTION	**COMMÉMORATION**	**RÉTRACTATION**	**TRACTATION**
DÉLÉGATIF	PARTICIPATIF	DIRECTIF	INFORMATIF
⟹	⟹	⟹	⟹
INTER-GROUPES	GROUPE	SEUL	PAIRE

Il en résulte que chacune des étapes d'un processus de deuil nécessite de la part des acteurs concernés, comme du leader ou coach en accompagnement, des compétences relationnelles relativement différentes, dans un ordre spécifique et souvent prévisible.

L'évolution de la motivation

De la même façon, nous pouvons observer que l'énergie ou la motivation des acteurs concernés évolue au fur et à mesure du déroulement d'un processus de deuil, et ceci en cohérence avec les autres caractéristiques spécifiques de chaque phase.

La motivation des personnes impliquées évolue presque naturellement :

✓ D'une **forte motivation en période de Réaction.** Elle se manifeste par une énergie colérique et impulsive, quelquefois mieux centrée sur la recherche active d'aides et de soutiens mais plus souvent mal dirigée contre des boucs émissaires impuissants.

✓ Puis d'une **motivation basse lors de la période de Commémoration.** La première énergie excessive est enfin épuisée. Ce qui reste s'exprime de façon plus limitée dans l'expression de la tristesse et la mélancolie caractéristique de cette phase.

175

✓ Suit, paradoxalement à nouveau une **motivation élevée en phase de Rétractation.** Elle est malheureusement centrée sur une fermeture tenace par rapport à l'environnement et à toute forme d'action, dans un désespoir obstiné.

✓ Enfin, à nouveau suit une période de **motivation basse lors de la phase de Tractation.** Elle se manifeste par une forme de résignation et l'envie de rapidement tourner la page pour passer à autre chose.

ÉVOLUTION DE LA MOTIVATION AU SEIN D'UN PROCESSUS DE DEUIL

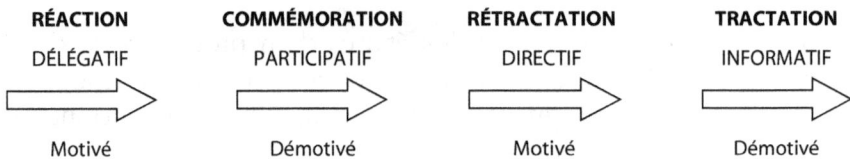

RÉACTION	COMMÉMORATION	RÉTRACTATION	TRACTATION
DÉLÉGATIF	PARTICIPATIF	DIRECTIF	INFORMATIF
→	→	→	→
Motivé	Démotivé	Motivé	Démotivé

Les hauts et les bas manifestés par cet indicateur témoignent de l'instabilité énergétique et émotionnelle typique d'une dynamique de deuil. Selon les personnes et les systèmes, cependant, le niveau de motivation peut varier et illustrer les différences individuelles dans la façon très personnelle de vivre chacun son parcours.

L'évolution de la perception des compétences

De la même façon, nous pouvons observer que les sentiments et perceptions concernant les compétences personnelles et collectives évoluent au fur et à mesure de l'évolution d'un processus de deuil. La perception du niveau de compétences est liée à l'idée que chacun se fait de ses propres capacités à digérer la perte ou la rupture imposée, puis à avancer.

La perception des compétences personnelles ou collectives des entités engagées dans un processus de deuil évolue presque naturellement de la façon suivante :

✓ Tout d'abord, c'est la perception d'une **bonne compétence** souvent mal définie et mal cadrée qui prédomine **dans la phase de Réaction.** Celle-ci découle de l'impression, voire de l'illusion que tout est encore possible si l'on agit vite et fort.

✓ **Suit la phase de Commémoration** avec sa dynamique émotionnelle qui ne nécessite **aucune compétence** liée à une tâche précise. Pour obtenir une oreille ou un soutien, chacun se repose donc sur les autres lors de cette phase.

✓ **Suit alors la phase de Rétractation** avec sa dynamique de décisions affirmées, centrées sur le besoin de « fermeture » et de « protection » synonyme d'une perception de **retour de compétences.** Elle est parfois exprimée sur le mode « je n'ai besoin de personne ».

✓ **Enfin la phase de Tractation** caractérisée par la perception de **manque de compétences** surtout révélée lors des séquences de recherche d'information et lors des négociations. Cette phase peut appeler un soutien technique relativement important.

ÉVOLUTION DES COMPÉTENCES AU SEIN D'UN SYSTÈME-PROJET

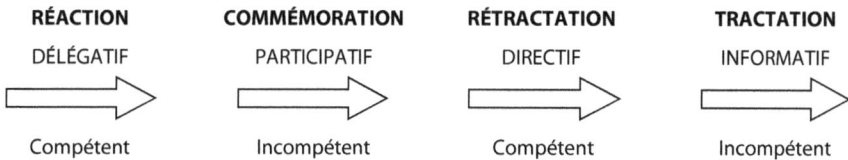

RÉACTION	COMMÉMORATION	RÉTRACTATION	TRACTATION
DÉLÉGATIF	PARTICIPATIF	DIRECTIF	INFORMATIF
→	→	→	→
Compétent	Incompétent	Compétent	Incompétent

Il est à remarquer ici que la perception des compétences passe par des hauts et des bas. Cette perception repose plus souvent sur l'état émotionnel des personnes et systèmes concernés que sur une réalité concrète. Le rôle de soutien et d'accompagnement de la part de l'environnement proche, des leaders ou d'un coach peut ici se révéler capital. Selon les étapes, une aide à la clarification et à l'information peut aider à situer ce qui est réellement possible ou réaliste de tenter en termes d'actions.

L'évolution dans la perception du temps

Lors de chacune des étapes d'un processus de deuil, nous constatons une évolution des perceptions et des préoccupations concernant la structure et la nature du temps.

- ✓ **En première période de Réaction,** le temps est à la fois immédiat et multiple ou **« polychronique ».** L'attention des personnes et groupes concernés se manifeste de façon rapide, imprévisible et simultanée ou en « zapping » dans plusieurs directions parallèles ou opposées.
- ✓ **Lors de la phase de Commémoration,** le temps est plutôt « donné » ou « pris » aux autres ou « partagé » avec eux. Au sein de relations empathiques, il sert à revisiter, à la façon d'un **extraverti,** les souvenirs de « l'avant rupture ».
- ✓ **En période de Rétractation,** en cohérence avec les pertes de repères extérieurs, le temps est perçu comme ouvert, indéfini, voire « infini », dans la mesure où il devient très personnel et intérieur. Il est donc de nature à créer un mur face à l'environnement, à la façon du temps d'un **introverti.**
- ✓ **En période de Tractation,** le temps est de nouveau perçu comme une ressource utile qu'il faut commencer à manager ou à utiliser de façon plus rationnelle. Il devient donc plus concret, linéaire ou **« monochronique ».**[1]

PERCEPTION DU TEMPS LORS D'UN PROCESSUS DE DEUIL

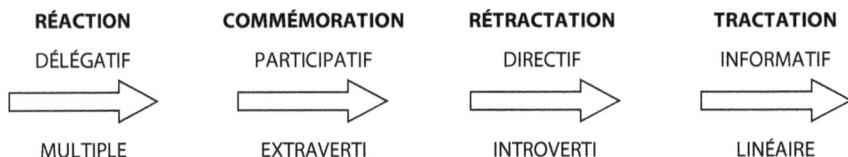

RÉACTION	COMMÉMORATION	RÉTRACTATION	TRACTATION
DÉLÉGATIF	PARTICIPATIF	DIRECTIF	INFORMATIF
→	→	→	→
MULTIPLE	EXTRAVERTI	INTROVERTI	LINÉAIRE

---

1. Terme inventé par Edward T. Hall et présenté dans, *La danse de la vie.*

L'évolution de la perception de l'espace

La perception de l'espace présente aussi, en apparence, une nature différente lors de chacune des phases d'un processus de deuil. Les personnes et systèmes concernés semblent percevoir l'espace et utiliser leur « territoire » à partir d'un cadre de référence très différent. En conséquence, l'espace appelle aussi, dans le temps d'un parcours de deuil, une adaptation pour tous les « accompagnateurs » concernés.

- ✓ **En période initiale de Réaction,** l'espace explose comme le reste. Il devient « **multiple** » ou éclaté et ouvert. Les frontières sont constamment reconfigurées, et facilitent soit l'expression de la colère, soit la recherche de nombreuses nouvelles options.
- ✓ **Lors de la phase de Commémoration,** l'espace qui devient plus restreint et surtout « **partagé** » entre personnes plus proches, à la manière de groupes d'échange ou de rencontres plus confidentiels. Il sert surtout à se retrouver et à entretenir des relations plus intimes.
- ✓ **En période de Rétractation,** l'espace devient encore plus restreint, sinon exclusivement personnel, voire intérieur, secret et rétracté. Il peut être considéré comme un espace protégé, voire hermétique au monde extérieur.
- ✓ **En période de Tractation,** l'espace devient « **territorial** ». Il est perçu comme une ressource éventuellement utile qu'il faut mériter, défendre ou protéger face à un adversaire précis ou face à l'adversité en général. Avec cette démarche plus territoriale, la personne ou le système cherche à obtenir tout ce qu'elle peut de concret.

PERCEPTION DE L'ESPACE LORS D'UN PROCESSUS DE DEUIL

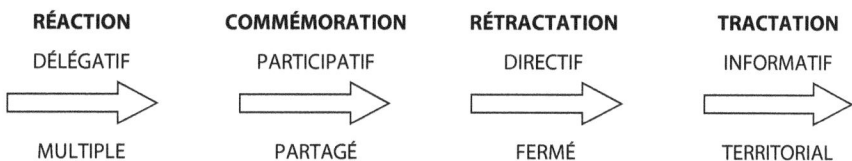

RÉACTION	COMMÉMORATION	RÉTRACTATION	TRACTATION
DÉLÉGATIF	PARTICIPATIF	DIRECTIF	INFORMATIF
⇒	⇒	⇒	⇒
MULTIPLE	PARTAGÉ	FERMÉ	TERRITORIAL

179

Si cette évolution de la perception de l'espace commence dans un environnement relativement éclaté, il semble se restreindre et se fermer au fur et à mesure du processus de deuil, avec toutefois un sursaut territorial, en dernier recours, en phase de Tractation.

Ces « indicateurs » d'évolution lors du déroulement d'un processus de deuil permettent de situer la position d'une personne ou d'un système dans son parcours. Bien entendu, c'est la cohérence entre plusieurs indicateurs qui permettra au coach ou à l'observateur de formuler l'hypothèse qu'une personne ou un système en est à telle ou telle étape du processus.

Un tableau synthétique

Le tableau synthétique ci-dessous propose un regard sur ces différents critères qui ensemble révèlent ou plutôt « indiquent » la présence de l'une ou de l'autre étape du processus de deuil.

© Éditions d'Organisation

TABLEAU SYNTHÉTIQUE DES INDICATEURS
DES ÉTAPES DU PROCESSUS DE DEUIL

| DÉBUT | MILIEU | | FIN |

→

Étape :			
RÉACTION	**COMMÉMORATION**	**RÉTRACTATION**	**TRACTATION**
Accompagnement :			
DÉLÉGATIF	PARTICIPATIF	DIRECTIF	INFORMATIF
⇒	⇒	⇒	⇒
Perception :			
Compétent	Incompétent	Compétent	Incompétent
Motivé	Démotivé	Motivé	Démotivé
Espace :			
MULTIPLE	PARTAGÉ	FERMÉ	TERRITORIAL
Temps :			
MULTIPLE	EXTRAVERTI	INTROVERTI	LINÉAIRE
Relations :			
INTER-GROUPES	GROUPE	PAIRE	SEUL

181

Conclusions

À mon sens, ce livre n'a fait qu'aborder de façon relativement succincte le vaste sujet des cycles de transitions et de quelques options utiles pour tenter de les accompagner. Au-delà des modèles présentés au fil de ses chapitres, il existe encore de nombreux axes de recherche et de développement dignes d'intérêt. D'ailleurs en guise de conclusion, il est encore possible d'évoquer ici quelques pistes de réflexion, dont certaines ne manqueront pas d'augmenter la complexité du domaine.

Pour illustrer une première complexité, envisageons le jeu entre plusieurs phases de transition simultanées lors du déroulement d'un projet collectif. À ce titre, nous vous proposons un cas relativement courant vécu lors du décalage entre deux partenaires, tous les deux membres fondateurs d'une entreprise pharmaceutique relativement mûre.

Le cas des partenaires en décalage

Le premier partenaire, « A » comme Albert, manifeste des comportements qui illustrent une dynamique caractéristique de la phase de Distanciation. La nature relativement routinière de son activité au sein de son entreprise ne provoque plus la même motivation ni ne stimule le même engagement de sa part. Il prend du champ pour s'investir de façon relativement légère dans de nombreux autres centres d'intérêts liés à des environnements éducatifs, politiques et artistiques, bien loin du milieu pharmaceutique.

De toute évidence, son envie personnelle de changement, sa recherche de nouveauté, voire d'indépendance, le situent en phase de Distanciation, à un niveau plutôt « avancé » sur la courbe des transitions « positives » de systèmes-projets.

L'autre partenaire, « B » comme Bernard, est beaucoup plus affectivement et opérationnellement impliqué au sein de leur entreprise commune. Son engagement personnel, le temps qu'il accorde « sans compter », sa façon très personnelle de s'identifier aux différents projets permet de le situer plutôt au sein de la phase plus sociale « de Maturité » de leur organisation commune.

Cette phase est, rappelons-le, synonyme d'expansion, de séduction, et d'entretien de relations « diplomatiques » et politiques liées au développement et au rayonnement de son entreprise. Plus fortement engagé dans la conduite opérationnelle de l'organisation, Bernard vit la « distance » ou le champ que prend Albert comme un abandon à la fois injuste et inapproprié. Il manifeste régulièrement sa perception et demande avec insistance à Albert d'assumer une présence plus active au sein de la direction, au moins égale à celle qu'il déploie de son côté.

Il semblerait que « pour subvenir aux besoins de l'entreprise » tels qu'il les définit, Bernard ne veut pas ou ne peut pas « entendre » le besoin de prise de distance que manifeste d'Albert. Il ne perçoit pas les motivations différentes que ce dernier manifeste dans sa prise de recul et dans les poursuites de nouvelles aspirations sous d'autres horizons. Bien entendu, de part et d'autre cette situation peut être comprise comme des « refus » réciproques de vouloir se comprendre.

En conséquence, l'attitude de Bernard par rapport aux besoins d'Albert, et réciproquement, influence peu à peu leur relation, et pousse peu à peu Albert à mettre en œuvre plus ouvertement la stratégie de rupture qu'il a déjà entamée.

Cette situation réelle est celle qui a motivé la recherche d'un coach par Bernard dans le cadre d'un contrat accepté par son partenaire. Si Bernard voulait d'abord « réparer » la relation avec Albert qu'il percevait comme « devenue mauvaise », les deux se sont rapidement accordés sur un autre objectif. Ils ont décidé de clarifier et valider leurs « états » différents et leurs motivations apparemment contradictoires pour éventuellement prendre les décisions qui s'imposent. Celles-ci devaient être à la fois utiles pour chacun d'entre eux et pour leur entreprise, et ils envisagèrent leur travail d'une façon positive et tranquille.

Nous avons précédemment vu qu'une attitude de non-écoute, voire de non-acceptation d'une « autre réalité » est à l'origine de nombreuses ruptures, elles-mêmes généralement suivies de processus de deuil. Comme dans notre cas ci-dessus, une disqualification même anodine des besoins de l'autre peut porter le germe d'un décalage important de perceptions, lourd de conséquences.

Ce « refus » de voir, d'entendre et d'intégrer une information issue de l'environnement est en effet la première étape que nous avons définie comme étant à l'origine de nombreuses ruptures difficiles invariablement suivies de processus de deuil. Ces « refus » souvent inconscients semblent en être la cause principale.

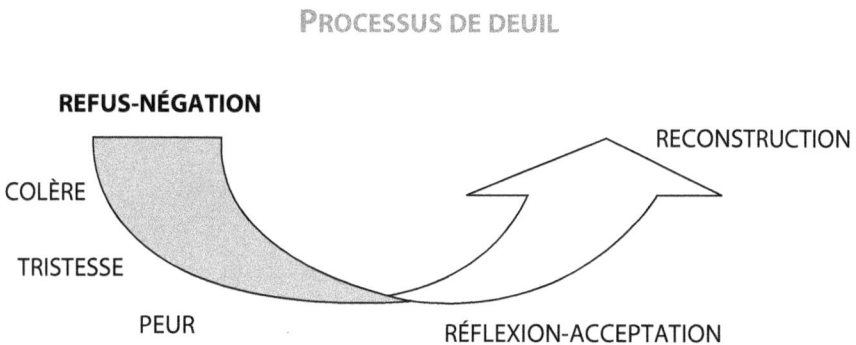

PROCESSUS DE DEUIL

REFUS-NÉGATION

RECONSTRUCTION

COLÈRE

TRISTESSE

PEUR   RÉFLEXION-ACCEPTATION

Il est aussi intéressant de remarquer que la dynamique de Distanciation, en fin de processus d'évolution d'un système-projet, est presque identique à la dynamique de Réaction qui figure en début de la courbe de processus de deuil. Peut-être que dans certains cas, ces deux étapes apparemment différentes et appartenant à deux processus relativement distincts, de projet d'une part et de deuil d'autre part, sont en fait presque les mêmes, vues sous un angle différent.

La distanciation : préparation à une rupture positive

Premièrement, il est possible d'envisager qu'au cours d'une phase de Distanciation, les acteurs d'un système-projet entament déjà une préparation à la rupture, consciemment ou inconsciemment. Dans notre exemple ci-dessus, Albert prend du champ, commence à s'intéresser à d'autres environnements. Il se « désinvestit ».

Il arrive que des personnes apparemment bien installées dans la délégation communiquent « subitement » leur départ imminent à un entourage qui, lui, n'est pas encore mûr pour assumer cette séparation. Si cela crée la surprise pour les autres, le partant a déjà entamé, voire terminé son processus de rupture, même si celui-ci n'a pas l'apparence d'un deuil. Ayant déjà mûri son projet en solitaire, il est prêt à s'engager ailleurs, dans une nouvelle aventure, de façon naturelle, sinon positive. Il serait donc prêt à entamer une démarche de Conception.

Au même moment, cependant, l'environnement ressent l'annonce de ce changement d'horizon comme une trahison, une rupture prématurée, un abandon, voire une infidélité. Il serait alors en phase de Réaction.

Par conséquent, nous pouvons supposer que dans un même environnement et par rapport au même projet plus ou moins en phase finale, certaines personnes vivent la même transition plutôt comme une expérience positive « de Distanciation » alors que d'autres la vivent comme un processus de deuil « imposé » beaucoup plus négatif.

Pour des leaders comme pour des coachs, cette différence de « vécu » des membres d'une même équipe peut justifier des accompagnements individuels très différents selon les personnes concernées.

Si par contre Bernard continue à faire abstraction des signes manifestes du désengagement d'Albert et s'il insiste à tout prix pour l'inclure au sein de sa propre énergie de phase de « Maturité », cela peut précipiter Albert dans l'expression d'un agacement, d'un ras-le-bol, voire d'une colère. Ce résultat situerait alors ce dernier plus précisément et clairement dans une dynamique de rupture au sein d'une courbe de « deuil ».

Cet exemple illustre qu'un comportement qui apparaît comme une démarche de Distanciation menant en apparence à une

© Éditions d'Organisation

future Conception peut quelquefois dissimuler ou révéler un processus de séparation ou de rupture plus difficile, pas encore rendu conscient ou pas encore socialement affiché.

Le « pouvoir » de la rupture

Enfin l'exemple ci-dessus et nos commentaires laissent l'impression que de fait, c'est Albert qui semble mener le jeu. Cela peut indiquer que celui qui, dans un partenariat est le plus prêt à le faire évoluer, voire à le rompre sera celui qui a plus de liberté ou de pouvoir d'initiative.

En effet, le cas présente Bernard comme refusant de prendre en compte la dynamique de délégation qu'affiche son partenaire en insistant pour contrôler le rythme d'évolution du projet pour les deux. Il est donc plus conservateur, et plus *attaché* à tenter d'imposer à l'autre son rythme, voire sa dynamique.

Dans la mesure où la dynamique de Délégation permet à Albert de se préparer à envisager d'autres horizons, il peut être considéré comme beaucoup plus apte à tranquillement vivre ou imposer sa réalité, en tous les cas sur tout ce qui concerne sa propre activité. D'une certaine façon, Albert oblige Bernard à l'écouter et à ternir compte de son rythme d'évolution quitte à être obligé de modifier le sien ou à changer son cadre de référence.

La dimension fractale des processus

Mais envisageons un autre facteur de complexité concernant les cycles d'évolution et les inévitables transitions qui les composent. Si une personne ou une équipe peut s'impliquer simultanément dans un grand nombre de domaines différents, chacun de ces domaines est constitué de nombreux sous-ensembles qui chacun manifestent des durées de vie spécifiques très différentes les unes des autres.

EXEMPLE :

- Rien que dans un domaine professionnel, sur une durée de quarante ans et dans le cadre d'une gestion de carrière qui a son début, son milieu et sa fin, une personne peut vivre plusieurs trajectoires de plus ou moins dix ans au sein d'entreprises différentes. Chacune de ces expériences au sein d'une organisation particulière aura aussi son début, son milieu et sa fin ;
- De même, au sein de chaque entreprise, cette même personne peut occuper plusieurs postes ou assumer plusieurs missions sur deux ou trois ans, et chacune de ces missions manifeste sa propre courbe de vie ;
- Chacun de ces postes et chaque mission peut concerner la gestion d'un nombre important de projets simultanés et/ou consécutifs, de leur conception initiale jusqu'à leur conclusion ;
- Chaque entretien et chaque réunion qui permettent de structurer puis de suivre un même projet sont aussi sujets à cette même courbe naturelle, avec son lancement, ses phases de consolidation et de maturation, et sa clôture menant infailliblement à la séparation des participants.

Cet ensemble de courbes de transition imbriquées ou superposées peut évoquer une image presque « fractale » de marées constituées d'une houle, faite de vagues, constituées de vaguelettes, qui portent des ondes, elles-mêmes composées de micro-ondulations, qui chacune pulse, à l'infini.

De toute évidence nos vies sont véritablement constituées d'un enchevêtrement ou d'un emboîtement presque « symphonique » de cycles de transition plus ou moins longs insérés au sein de la « courbe maîtresse » qui nous encadre de la naissance à la mort. Sans aller jusqu'à vouloir prétendre que « tout est transition », l'accompagnement de nos multiples cycles concerne de ce fait la gestion de tous nos projets comme de notre vie tout entière.

La multiplicité des domaines de transition

Pour ajouter aux aléas provoqués par les multiples transitions vécues en continu par une personne ou un groupe dans un seul domaine, il faut savoir que nous ne vivons pas comme des êtres simples, sur un seul plan. Nous nous investissons tous simultanément dans plusieurs domaines qui, chacun, ont un nombre incalculable de facettes.

Nos investissements professionnels sont en effet menés de front avec des relations amicales suivies, une vie familiale très importante, une suite d'implications dans des loisirs variés, sans compter d'autres domaines de vie au gré des choix des uns et des autres. Par conséquent, à un moment donné, nous devons faire face à la nature transitoire souvent asynchrone de chacun de nos différents projets menés dans tous ces domaines. Heureusement que comme Monsieur Jourdain, nous arrivions à faire tout cela sans le savoir.

Considérons toutefois que pour une même personne les mêmes phases de transition se présentent de façon étonnement synchronique, quoique dans des domaines très différents. Au même moment, par exemple, une personne ou un groupe peut avoir à gérer de façon synchronique le même type de transition ou de rupture à la fois dans une dimension affective, au niveau financier, dans la vie personnelle et au bureau. Si jamais il se produit un tel effet de « résonance » affective liée à une telle superposition entre ces différents domaines, il ne serait pas étonnant que nous soyons occasionnellement très stressés.

Lors de ce genre de résonance, les émotions, actions, évitements et décisions qui concernent une partie de la vie d'une personne influencent fortement ses attitudes, ses sentiments et ses actes à tous les autres niveaux. Comme la complexité est aussi source d'opportunités, cette résonance entre différentes facettes de la vie offre la possibilité de stratégies d'accompagnement ou de coaching « par résonance ». Par exemple, cela peut permettre d'accompagner un client dans un domaine à enjeux légers pour le préparer ou le « muscler » en vue d'une évolution dans un autre domaine à enjeux beaucoup plus lourds.

EXEMPLE :

Un cadre dirigeant se prépare à quitter l'entreprise au sein de laquelle il s'est entièrement investi pendant huit ans. En écho, et suite à de nouveaux choix personnels, il vit simultanément d'autres « ruptures » ou transitions importantes dans sa vie privée. Cette résonance entre plusieurs ruptures simultanées influence sans doute fortement son état d'esprit et son niveau de stress, comme la qualité de son énergie et de ses comportements dans toutes ses actions quotidiennes.

Un travail de coaching individuel et en apparence assez anodin consiste à l'accompagner à préparer dans le détail la *conclusion* de sa prochaine réunion d'équipe, afin de s'assurer qu'elle soit satisfaisante pour tous les membres, lui compris. Cette approche pratique et indirecte permet au cadre dirigeant de travailler inconsciemment sur des options de conclusions positives ultérieurement applicables à ses autres ruptures.

Cela peut donner raison à ceux qui trouvent des solutions créatives à des problèmes professionnels importants en s'adonnant intensément à des activités « déconnectées » ou de loisirs, par exemple en jouant au golf.

Quelquefois et malgré nous, nous pouvons constater que les transitions de vie que nous effectuons à des niveaux d'enjeux importants influencent nos actions quotidiennes et se manifestent dans de nombreux détails, si anodins que nous ne leur accordons pas l'importance qu'ils méritent. Par exemple, l'importance de transitions majeures se révèle presque toujours par des « actes manqués » et bien souvent réussis, qui heureusement n'échappent pas à l'entourage ou à l'observateur averti.

EXEMPLE :

Alors qu'elle prévoit d'effectuer un important voyage d'affaires le soir même, la directrice d'une agence de publicité oublie un sac personnel en quittant son domicile. Or ce sac contient son permis de conduire et son passeport.

Il se trouve que lors de son mariage tout récent, elle s'était longtemps posé la question de garder ou pas son nom de jeune fille, soucieuse de ne pas perdre l'investissement de notoriété qui avait assuré sa renommée professionnelle.

Le questionnement presque existentiel concernant son changement d'identité et l'influence de ses choix personnels sur sa vie professionnelle est au centre de ses préoccupations. L'oubli à son domicile de son passeport et de son permis de « conduire » – ou de « diriger » – évoque presque naturellement un lien avec son « trouble » identitaire et l'influence d'un changement éventuel de son nom de famille sur sa vie professionnelle.

Ces liens et chevauchements inconscients entre différents domaines de la vie personnelle et professionnelle offrent la possibilité de faire de nombreux « ponts » qui peuvent servir à faciliter la prise de conscience, et quelquefois la transition.

En coaching, comme au cours de n'importe quel autre rendez-vous professionnel, par exemple, nous pouvons souvent constater que la structure d'un entretien comprenant la rencontre initiale, le début de l'échange, son milieu et sa fin jusqu'à la séparation offrent à l'observateur averti de nombreuses indications « métaphoriques » de la façon dont les mêmes personnes « managent » les débuts, les milieux et les fins de leurs autres « systèmes-projets ».

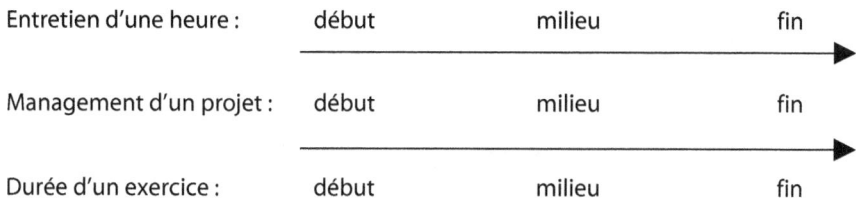

	début	milieu	fin
Entretien d'une heure :	début	milieu	fin
Management d'un projet :	début	milieu	fin
Durée d'un exercice :	début	milieu	fin

Ce phénomène justifie amplement l'utilisation « d'exercices » métaphoriques ou projectifs en coaching individuel et d'équipes, comme en conseil ou en formation. Ce qui est observable au sein d'une équipe en une heure d'exercice peut révéler ce qui se passe en six mois de conduite de projet ou en six ans sur d'autres trajectoires professionnelles, à la fois individuelles *et* collectives. Au long de ces scénarios asynchrones, il suffit de situer le vrai sens « porté » par un rythme commun dont le contenu des trajectoires individuelles est totalement différent.

© Éditions d'Organisation

Nous pouvons aussi évoquer l'influence troublante que peuvent avoir certaines transitions personnelles et professionnelles propres à la vie du leader ou du coach sur la qualité de son accompagnement d'une personne ou d'une équipe. Dans le cadre d'un « contre-transfert », par exemple, la façon de percevoir et de gérer ses propres transitions peut indéniablement avoir un effet sur la perception des transitions de la personne ou du groupe que l'un ou l'autre accompagne.

En conséquence, il sera évident que puisqu'un coach est lui-même continuellement en transition (du moins peut-on l'espérer), il doit tenter d'être conscient de l'influence de son propre vécu personnel sur la perception évolutive qu'il peut avoir des parcours de ses clients. Et réciproquement. Car finalement, on n'est jamais sur de qui accompagne qui. On en revient encore à l'utilité d'une « supervision » des professionnels du métier, pour la même raison qu'ils accompagnent des leaders.

Puisqu'il faut en terminer...

Dans ce sens, l'écriture de mes réflexions sur la nature des transitions et sur leur profonde cohérence me renvoie obligatoirement aux aléas du cheminement de ma vie personnelle et professionnelle. Par conséquent et compte tenu de mon état actuel de transition, offrir ici une conclusion sur ces réflexions me semble être une gageure prématurée.

Qui plus est, puisque je commence tout juste à finir ce livre, je n'ai pas encore entamé mon processus de deuil ou de séparation en ce qui le concerne. Je n'ai pas encore assez de recul pour y voir « clair » ni en tirer des conclusions. Il m'est donc encore difficile d'envisager celles-ci, même en me dissimulant habilement derrière encore quelques concepts théoriques.

De plus, à titre plus privé et à mon âge, je me sens aujourd'hui en période de Distanciation par rapport à une vie personnelle et professionnelle bien remplie. Au sein de cette réalité plus conséquente, je n'ai pas encore la distance nécessaire pour en faire une synthèse significative. Cela doit avoir une influence indéniable sur l'écriture de ce « dernier » chapitre s'il en est.

© Éditions d'Organisation

Il faut aussi savoir qu'en phase de Distanciation germent souvent de façon sourde et inconsciente les prémisses d'un nouveau départ au sein d'un autre cycle dans une nouvelle dimension précédemment imprévisible. Conclure à ce moment précis, comme à n'importe quel autre d'ailleurs, serait comme effectuer un « arrêt sur image » au cours d'un film encore en projection. Comme toutes les images, le sens profond de celle que représente cette conclusion sera autant révélé par la suite encore inconnue que par celles qui la précède.

Aussi, j'ai souvent eu l'impression que chacun de mes livres parlait tous plus ou moins de la même chose, à chaque fois observée sous un angle différent. Chaque livre a bien entendu sa propre conclusion, mais un peu comme les adieux répétés d'un artiste toujours « partant », que l'on voit à nouveau sur scène quelques saisons plus tard.

En conséquence, il me semble de plus en plus évident que si l'on envisage une conclusion ici, elle ne sera jamais autre chose que la face cachée d'une entrée en matière, ou que la perception d'une future rencontre vue de dos.

Bibliographie

ALINSKY, Saül, *Manuel de l'animateur social*, Le Seuil, 1978.

ANZIEU, Didier, et MARTIN, Jacques-Yves, *La dynamique des groupes restreints*, PUF, 2003.

ARDREY, Robert, *The territorial imperative*, Kodansha America, 1997.

BACHELARD, Gaston, *La psychanalyse du feu*, Gallimard, 1985 ; *La poétique de l'espace*, PUF, 2001.

BATESON, Gregory, *Steps to an ecology of mind*, University of Chicago Press, 2000.

BAUDRY, Pascal, *Français et Américains, l'autre rive*, (Cyberlivre en accès libre sur le site www.pbaudry.com, 2000-2002), Village mondial, 2004.

BENNAYOUN, Raphaël, *Entreprises en éveil*, EME, 1979.

BERNE, Éric, *Que dites-vous après avoir dit bonjour ?* Tchou, 1999 ; *Des jeux et des hommes*, Stock, 1984.

BOULANGER, Pierre et PERELMAN, Guy, *Le réseau et l'infini*, Nathan, 1991.

BROWN, Norman O., *Love's Body*, University of California, 1990.

CAPRA, Fritjof, *La sagesse des sages*, L'âge du Verseau, 1988 ; *Le temps du changement*, Éditions du Rocher, 1994 ; *Le Tao de la physique*, Koehler, 2004.

CARDON, Alain, *Jeux pédagogiques et analyse transactionnelle*, Éditions d'Organisation, 1981 ; *Vocabulaire d'analyse transactionnelle* (avec MERMET, Laurent), Éditions d'Organisation, 1982 ; *Le manager et son équipe*, Éditions d'Organisation, 1986 ; *Profils d'équipes et cultures d'entreprises*, Éditions d'Organisation, 1992 ; *Décider en équipe*, Éditions d'Organisation, 1992 ; *Jeux de manipulation*, Éditions d'Organisation, 1995 ; *Pour changer* (avec Jean-Marc Bailleux), Éditions d'Organisation, 1998 ; *L'Analyse transactionnelle* (avec LENHARDT, Vincent, et NICOLAS, Pierre), Éditions d'Organisation, 2003 ; *Coaching d'équipes,* Éditions d'Organisation, 2003.

CHAVEL, Thierry, *Le coaching démystifié*, comment ré-enchanter le management, Demos, 2001.

COHEN, Jack, and STEWART, Ian, *The Collapse of Chaos*, Viking Penguin, 1994.

DÉLIVRÉ, François, *Le métier de coach*, Éditions d'Organisation, 2002.

DODSON, Fitzhugh, *Le père et son enfant,* Marabout, 1997 ; *Tout se joue avant 6 ans*, Marabout, 1998.

DURAND, Daniel, *La systémique*, PUF, 2002.

ERICKSON, Milton H., *Ma voix t'accompagnera*, Hommes et groupes, 1986.

FORESTIER, Gilles, *Regards croisés sur le coaching*, Éditions d'Organisation, 2002.

FRANZ, Maire-Louise von, *Nombre et temps*, La Fontaine de Pierre, 1998.

GIRARD, René, *Le bouc émissaire*, Grasset, 1982 ; *Des choses cachées depuis la fondation du monde*, Grasset, 1978 ; *La violence et le sacré*, LGF, 2004.

GODARD, Alain, et LENHARDT, Vincent, *Engagements, espoirs, rêves*, Village mondial, 2004.

GOFFMAN, Erving, *The presentation of self in everyday life*, Anchorbook, 1959 ; *Asylums*, Anchorbook, 1961 ; *Strategic interaction*, Ballantine Books, 1975.

GRODDECK, Georg, *Le livre du ça*, Gallimard, 2001.

GROF, Stanislav, *Psychologie transpersonnelle*, Éditions du Rocher, 1984.

HALL, Edward T., *La dimension cachée*, Le Seuil, 1978 ; *Le langage silencieux*, Le Seuil, 1984 ; *La danse de la vie*, Le Seuil, 1984 ; *Au-delà de la culture*, Le Seuil, 1987 ; *Guide du comportement dans les affaires internationales*, Le Seuil, 1990.

HERSEY, Paul, et BLANCHARD, Kenneth, *Management of organizational behaviour*, Prentice-Hall, 1982.

HESSE, Hermann, *Le jeu des perles de verre*, Calmann-Levy, 1955.

HIGY-LANG, Chantal, et GELLMAN, Charles, *Le coaching*, Éditions d'Organisation, 2002.

JAMES Muriel, *Naître gagnant*, InterÉditions, 1978.

JAOUI Gysa, *Le triple moi*, Robert Laffont, 2003.

JONGEWARD, Dorothy, et SEYERS, PHILIP, *Gagner dans l'entreprise*, Inter-Éditions, 1980.

JUNG Carl G., *L'homme et ses symboles*, Robert Laffont, 1971 ; *Synchronicity*, Princeton University Press, 1973 ; *Ma vie*, Gallimard, 1991.

KAHLER, Taibi, *Manager en personne*, Dunod, 1999.

LANDIER, Hubert, *L'entreprise polycellulaire*, ESF Éditeur, 1987.

LAO TSEU, *Tao te king*, Librairie de Médicis, 2003.

LENHARDT, Vincent, *Les responsables porteurs de sens*, Insep Éditions, 1992.

MALAREWICZ, Jacques-Antoine, *Cours d'hypnose clinique*, ESF, 1990 ; *Quatorze leçons de thérapie stratégique*, ESF, 1992 ; *Guide du voyageur perdu dans le dédale des relations humaines*, ESF, 1992 ; *Comment la thérapie vient au thérapeute*, ESF, 1996 ; *Le couple: quatorze définitions décourageantes, donc très utiles*, Robert Laffont, 1999 ; *Systémique et entreprise*, Village mondial, 2000 ; *Réussir un coaching*, Village mondial, 2003.

MARC, Edmond, et PICARD, Dominique, *L'école de Palo Alto*, Retz, 1991.

MÉLÈSE, Jacques, *Approches systémiques des organisations*, Éditions d'Organisation, 1990.

MORRIS, Desmond, *La clef des gestes*, Hachette, 1979.

MORRIS, Langdon, *Managing the evolving organization*, Van Nostrand Reinhold, 1995.

NARBY, Jeremy, *Le serpent cosmique, l'ADN et les origines du savoir*, Éditions georg, Genève, 1995.

PEAT, David, *Synchronicité, le pont entre l'esprit et la matière*, Le Mail, 1999.

PETERS, Thomas, et WATERMAN, Robert, *Le prix de l'excellence*, Dunod, 2004.

PRIGOGINE, Ilya, *La fin des certitudes*, Odile Jacob, 2001.

SALOFF-COSTE Michel, *Management systémique de la complexité*, ADI-TECH, 1990.

SCOTT, Dru, et JONGEWARD, Dorothy, *Gagner au féminin*, Inter-Éditions, 1996.

SELVINI-PALAZZOLI, Mara, *Paradoxe et contre paradoxe*, ESF, 1979 ; *Dans les coulisses de l'organisation*, ESF, 1984 ; *Le magicien sans magie*, ESF, 1987 ; *Les jeux psychotiques dans la famille*, ESF, 1990.

SENGE, Peter, *La cinquième discipline*, First Éditions, 2000.

SETTON, Alain, *Bible et management*, Desclée de Brouwer, 2003.

SCHELDRAKE, Rupert, *The presence of the past, morphic resonance and the habits of nature*, Park Street Press, 1988.

SINGER, Christiane, *Les âges de la vie*, Albin Michel, 1984 ; *Une passion*, Albin Michel, 1992 ; *Histoire d'âme*, Albin Michel, 2001 ; *Où cours-tu ? Ne sais-tu pas que le ciel est en toi ?* Albin Michel, 2001.

STACKE, Édouard, *Coaching d'entreprises*, Village mondial, 2000.

STEINER, Claude, *À quoi jouent les alcooliques ?* Desclée de Brouwer, 1981 ; *Des scénarios et des hommes*, Desclée de Brouwer, 1984.

TALBOT, Michael, *L'univers est un hologramme* Pocket, 1995.

TOMAN, Walter, *Constellations fraternelles et structures familiales*, ESF, 1987.

VAN EERSEL, Patrice, sous la dir. de, *Le livre de l'essentiel*, coll. « Guides clés », Albin Michel, 1995.

VOLK, Tyler, *Metapatterns across space, time and mind*, Columbia University Press, 1995.

WALTER, Michel, *Votre personnalité de manager*, Éditions d'Organisation, 1988.

WATZLAWICK, Paul, *Une logique de la communication*, Le Seuil, 1979 ; *Changements, paradoxes et psychothérapies*, Le Seuil, 1981 ; *Faites vous-même votre malheur*, Le Seuil, 1984 ; *Le langage du changement*, Le Seuil, 1996.

WILHELM, Richard, *Yi-king*, Librairie de Médicis, 1994.

WHITE, William L., *Incest in the organizational family*, Lighthouse Training Institute Publication, Bloomington Illinois, 1986.

WHITMORE, John, *Le guide du coaching*, Maxima, 2003.

WOLF, Fred Alan, *Taking the quantum leap*, HarperCollins Publishers, 1981.

ZOHAR, Danah, et MARSHALL, Ian, *The Quantum Society*, Quill, 1995.

ZUKAV, Gary, *The dancing wu li masters*, Bantam Books, 1984.

Composé par Sandrine Rénier
Achevé d'imprimer : Jouve, Paris

www.ingramcontent.com/pod-product-compliance
Lightning Source LLC
Chambersburg PA
CBHW070538200326
41519CB00013B/3072